JN106494

「好き」を言語化する技術
推しの素晴らしさを語りたいのに「やばい!」しかでてこない

三宅 香帆

ディスカヴァー携書
251

はじめに

人生の指針になっている
漫画・アニメ・映画・小説・ゲーム。

いつも応援している
アイドル・俳優・バンド・YouTuber。

生で見ると胸がときめいて仕方ない
ライブ・舞台・試合。

この本を手にとってくださったということは、
あなたには「推し」つまり、

大好きな存在がいるのではないでしょうか。

そして、その推しに感動したとき、

「推しについて誰かに語りたい！」

「推しの魅力をみんなに知ってほしい！」

「推しの素晴らしさについて、発信したい！」

と思う。

けれども、いざ語ろうと思うと
「やばい！」という言葉しかでてこない。

平凡な言葉しかでてこないから、

「まあ、じっくり考えてから書こうかな」と後回しにして、
結局なにも書かないいまま、時間だけがすぎていく。
そんな経験をしたことはありませんか？

ああ、私には語彙力がないからダメなんだ。
観察力も分析力もないから言葉がでてこないんだ。
言語化することが自分は下手なんだ。
そんなふうに思ってしまったかもしれません。

でも、あなたが落ち込む必要は、
まったくありません。

なぜなら、自分の感想を言葉にするうえで大切なことは、
語彙力ではないからです。
もちろん、観察力でも分析力でもありません。

必要なのは、自分の感想を言葉にする「ちょっとしたコツ」です。

その「コツ」さえ知っていれば、
自分の言葉は、誰でもつくることができます。

自分だけの言葉で推しを語ることができれば、
もっともっと推し活が楽しくなります。

自分の大好きなものについて、
自分の言葉で伝える。
その面白さを、ぜひあなたにも知ってほしいです！

ここで、少し自己紹介をさせてください。
最初に言っておくと、私の推しは、アイドルや宝塚です。普段はX（旧Twitter）でオタク友達と交流し、インスタで推しの写真を眺め、インターネットで見知らぬ人の感想ブログを読み漁り、そして観劇やライブや配信を楽しみに生きています。推しに元気をもらっているオタクのひとりです。

一方で、本や漫画も昔から大好きで、フィクションに感動したときは「うわ、この感動を言葉にしたい！」と思っていました。そのような欲求が昔から強かったからか、いつのまにかブログに本の感想を書くようになりました。そして今では、本について発信する書評家という仕事をするようになったのです。

プライベートでは日々「推し」を語る文章を読み漁り、仕事では日々「本」について語る文章を書き続けている。

そんな生活を送るうちに、私は頻繁にこんな質問を受けるようになりました。

「推しについて発信したいのですが、どうすれば言語化がうまくなりますか?」

たしかに私が普段書評家として発信している文章は、本という名の「推し」の魅力について解説している文章がほとんどです。

考えてみれば、好きなものについて語るという点では、書評家もオタク発信も同じことをやっている……!

もしかしたら、私の書評家として培った文章技術が、世の中の「推しについて語りたい」人々のお役に立てるのでは……!? 質問を受けるうちに、そんなふうに思い始めました。

それが本書を執筆したきっかけです。

推しについての発信。

そういうと、「でも私、語彙力ないしな」とか「感動を言語化できるほど、本を読んでこなかったから文章力ないしな」と尻込みしてしまう人もいるかもしれません。

でも、大丈夫。

必要なのは、語彙力でもなければ、大量の読書でもありません。

推しについての発信で一番重要なこと。

それは、

自分の言葉をつくること。

ただそれだけです。


「自分の言葉？　そんなの普通にみんなできてることじゃないの？」と思われた方もいるかもしれません。でも今の時代、自分の言葉をつくるのはなにより難しいことなんです。

というのも今は、ＳＮＳを通して「他人の言葉が自分に流れ込みやすい時代」だから。

息抜きのつもりで、SNSをぼんやり見ている私たちは、無意識に他人の情報発信に普段から触れています。

すると、友人の言葉や見知らぬ人の言葉が、日々大量に頭のなかに流れ込んでくる。現代の人間が目にする情報量やその速度は、今までにないほど膨大なものになっています。

たとえばアイドルが好きな人は、SNSでそのアイドルについての賛否両論の言葉を日々目にしているのではないでしょうか。ちなみに私もそうです。

SNSでは、すごく素敵なエピソードや、見ただけで元気になる嬉しい言葉もたくさん発信されています。一方で、ちょっと違和感を抱いてしまう言葉を読む日もたくさん、ある。

面白い映画を観たあとに、他人の感想を読む。すると、自分の感想を忘れてしまって、他人の感想がまるで最初から自分の言葉だったかのような錯覚を覚える……なんて経験をしたことはありませんか？　私はしょっちゅうあります。SNSを見ている人にとって「あるある」ではないでしょうか。

他人の言葉に、私たちはどうしても影響を受けてしまうのです。

でもこれって、危険なことですよね。

他人の言葉を、自分の意見だと思い込んでしまう。

自分の意見が本当はなんだったのか、よくわからなくなってしまう。

もちろん他人の影響を受けること自体は、悪いことではありません。でも、自分の意見や感想が完全になくなってしまうのは、ちょっと寂しい。他人の言葉に影響されやすいと、なんだか思考まで洗脳されているような気がして、少し怖い。

そんなとき重要なのが、「自分の言葉をつくる」技術です。

他人の言葉と、距離を取るために。

自分の言葉をつくる技術が、今の時代には不可欠です。

本書では、現代において必須スキルである「自分の言葉をつくる」技術について、お伝えします。

といっても、構えなくて大丈夫です！　難しい文章のレッスンをするわけではありません。

語彙力がない。言語化が下手。すぐに他人の言葉に影響を受けてしまう。

そんなあなたにこそ、「自分の言葉をつくる」ための、ちょっとしたコツを知ってほしいのです。

推しについて、自分の言葉で発信する。

もしそれができれば、きっと推しについての愛情も、葛藤も、もっともっと深くなるのではないでしょうか。「推しについて自分の言葉で発信する」ことのメリットは、たくさんあります。

・推しへの解像度が上がる

・たくさんの人に推しを知ってもらえる
・推しについてのもやもやを言語化できる
・推しを好きになった自分への理解が深まる

自分の言葉をつくり、そしてそれを発信することで、きっとあなた自身の人生にもプラスの影響があるはずです。

私が書評家として長年培ってきた、推しについて自分の言葉で発信するための技術。それを一冊にぎゅぎゅっとまとめて、あなたにお伝えします。

「推し」はなんのジャンルでも大丈夫です。

俳優でも、声優でも、VTuberでも、YouTuberでも、アイドルでも、バンドでも、歌手でも、スポーツ選手でも、アニメのキャラクターでも、アニメでも、本でも、漫画でも、映画でも、釣りでも、山登りでも、ランニングでも、旅行でも、囲碁でも、将棋でも、あなたの好きなものや人ならなんでも!

ＳＮＳなどの短文発信、ブログなどの長文発信、そして友達に向けてしゃべるとき、音声配信で不特定多数に向けてしゃべるとき、といった発信方法ごとにわけて解説しています。

あなたが自分の好きなものや人について、発信したい……そう思ったとき、本書が役に立てたらとてもとても嬉しいです。

きっと推しを語ることで、あなた自身の「好き」がどこからきたのか、わかるはずです。

推しを語ることは、あなた自身の人生を語ることでもある。

さあ、たくさん推しを語りませんか？

あなたの言葉が、推しを輝かせる日が来るかもしれませんよ！

三宅香帆

「好き」を言語化する技術

推しの素晴らしさを語りたいのに「やばい！」しかでてこない

目次

第1章　推しを語ることは、自分の人生を語ること

第2章　推しを語る前の準備

第3章　推しの素晴らしさをしゃべる

第6章 推しの素晴らしさを書いた例文を読む

おまけ　推しの素晴らしさを語るためのQ&A

あとがき

※本書は2023年に弊社より刊行された『推しの素晴らしさを語りたいのに「やばい！」しかでてこない』を改題し携書化しました。内容は刊行当時のものです。

購入者限定特典

推しの素晴らしさを語る発信方法ごとのまとめ

SNS、ブログ、ファンレター、おしゃべり、音声配信ごとに、推しの素晴らしさを語るコツがひと目でわかるように、まとめました。自分が発信したい方法に合わせて、ぜひ参考にしてみてください。

ダウンロードはこちらから！
https://d21.co.jp/special/oshigatari/

ユーザー名：discover2950
パスワード：oshigatari

第1章
推しを語ることは、自分の人生を語ること

技術さえ理解すれば誰でも推しを語れる

推しの語り方がわからない！

あなたに、推しはいますか？

推しという言葉は、昨今いろんな対象に使うようになりましたよね。応援しているアイドル、歌手、俳優、声優、VTuberがあなたの推しかもしれないし、アニメや本や映画や漫画やゲームといったコンテンツ、あるいは大好きなスポーツや釣りやチェスといった趣味そのものかもしれない。もしくは、誰かに広めたい商品や習慣も入るかもしれません。

これまでも「ファン」や「贔屓」といった言葉はありましたが、**「推し」という言葉の特徴は、「推薦したい」、つまりは誰かに薦めたい、という感情が入っていること。**単にこの対象を好きなだけじゃなくて「他人に紹介したい！」「魅力を言葉にしてその素晴らしさを分析したい！」という欲望を持つことが、推しの条件なのかもしれません。

しかし、どうやって推しについて語ればいいのか。

これだけ推しという言葉は流行っているのに、その語り方については、誰も教えてくれません。いや、もちろん好きなように語ればいいんですよ。思ったままに、好きな人やものの魅力をしゃべればいい。そりゃそうなんですが、一方で「誰か語り方を教えてくれよ」という気持ちになるのも正直なところです。

日本の「ありのまま」感想文信仰

まあ、そりゃ学校では推しの語り方、なんて授業はありませんよね。当然です。でも、考えてみてください。読書感想文の宿題はありましたよね？

なんでもいいから一冊本を選んで、感想を夏休み中に書いてきてね、と学校の先生から言われたことがあるはずです。でも、どうやって読書感想文を書いたらいいのか、その方法論は学校でほとんど教えてくれません。

宿題はでるけれど、その宿題の解き方は教えない。教えるのは、原稿用紙の使い方とか「て・に・を・は」の使い方とか字数の規定とか……。作文のルールを知ったところで、読書感想文を書けるかと言われると「書けないよ！」と言う生徒がほとんどなはず。

それでも学校が、読書感想文の宿題を無邪気にだし続ける理由。それは、「自分のありのままの感想を書けばそれがそのまま作文になるはず」という信仰に基づいているからです。

本を読んで感じた通りに、その感情を紙に書けば、それがいい読書感想文になる――そんなふうに先生も生徒も思っているからではないでしょうか。

でも、当然ですが、そんなことありえないですよね。

だいたい、読書して感じたことをありのままに書くことで、いい読書感想文が書けるなら、書評家いらないじゃないですか！

書評家もとい（たぶん）読書感想文のプロとしては、「いやいや、感想を舐めてもらっちゃ困るよ」と言いたい。

文章を書くことにも、技術が必要です。技術を駆使してこそ、いい感想文を書けるようになる。それは逆に言うと、**「書く技術さえ理解すれば、いい感想やいい文章は書けるようになる」**ということ。

それに読書感想文だって、考えようによっては推し語りだとも言えますよね？　だって自分の好きな本という推しについての感想を書くんですから。

そこにはちゃんと、必要とされる技術があるはずです。

ファンレターにもSNSにもブログにも応用できる技術

本書では、書評家として私が身につけた「推し語りのために必要な技術」についてお伝えします。

書評家って、常に推しの本を見つけ、それについて書く仕事なので……さすがにいろいろと技術のネタが溜まってきました。

もちろん、推しについて書きたい人だけではなく、さまざまな対象について語りたい人に向けて、応用できる形でお伝えします！


私のように仕事でライティング作業がある人以外にも、推しについて語るSNSやブログを更新している人、あるいは推しにファンレターを書きたい人、ただ単に推しについて友だちに話したい人、そんな方々の役に立つ技術です。


たとえば、私は推しへのファンレターを書くネタに困ったことがありません。

……お前もファンレター書くのかよ！　と、あなたは今ずっこけたかもしれませんが、ええ、書きます。仕事ではなく単純に趣味で贔屓に書きます。

同じジャンルを好きな友人と話していたときに、自分がファンレターのネタに困ったことがない事実に気がついたんですよね。職業柄、鑑賞する対象の魅力について書く訓練をしすぎて、それが自然とファンレターを書く技術になっているのかもしれない……。

あなたがファンレター、あるいはブログやSNSの更新をする際、**「推しについて語るネタをどうやって見つけたらいいかわからない！」「推しについて語りたいけど、語彙力がなくて、言葉が一様になっちゃって困る！」という悩みを持ったときにぜひ本書を役立ててもらえると嬉しいです。**

さて、次の項目からは、いよいよ実際に「推しの語り方」について考えていきましょう。

感想は「自分だけの感情」が一番大切！

ありのままの感想を言葉にするのは難しい

ずばり！　推しを語るときに一番大切なこと。

結論から言ってしまいますが、それは「自分だけの感情」です。

——自分だけの感情？　感じたままの、ありのままの感想を語るってこと？

こんなふうに思われた人がいるかもしれませんが、それはちょっと違います。

というのも、「自分だけの感想」とは、「他人や周囲が言っていることではなく、自分オリジナルの感想を言葉にすること」なんです。

たとえば、創作にはオリジナリティが重要だと言う人がいます。これは本当にその通りで、自分の作品と同じ作品がもうあるなら、重複して世にだす意味はほとんどないんです。

だって、既にありますからね。

推しを語ることも同じです。誰かがつくった言葉や誰かが広めた感情ではなく、自分だけが感じていることを伝えるのが、なによりも大切。それを伝えることこそが、あなたが推しを語る意味になる。この世にまだない感想を生みだす意味になる。

「なんだ、自分オリジナルの感想をそのまま言葉にしたらいいの？　簡単じゃん」と思われるかもしれません。でもこれって、意外と難しいんですよ。

なぜなら人間は、なにも考えずにいたら、世の中に既にある「ありきたりな言葉」を使ってしまう生き物だからです。

クリシェという敵

「クリシェ」という言葉を聞いたことはありますか？

ある言葉がいろいろな場面で乱用されたことで、その言葉の本当の意味や新しさが失われてしまったことを指す用語です。**ありきたりなシチュエーション。ありきたりな台詞。ありきたりな言葉。それらをフランス語で「クリシェ」と呼びます。**

日本語には、残念ながらクリシェにあたる用語はありません。あえて挙げるなら「常套句」でしょうか？　もしくは、「ありきたり」という言葉が一番近いかもしれません。このクリシェは、感想を話したり文章を書いたりするにあたって、最も警戒すべき敵です。クリシェこそが、あなたの感想を奪うんです！

どういうことか具体的に説明しましょう。

たとえばあなたの推したい作品が、とある漫画だと仮定します。あなたは、その漫画の素晴らしさをみんなにどうにかして伝えたい。だからＳＮＳにその漫画の魅力を書くことにしました。

「この漫画、泣けてやばい。すごく考えさせられた。」

……これじゃ、この漫画の魅力が伝わらない！　でも、語彙力がないから漫画の感想なんて書けないよ〜。ああ〜〜〜……。こんなふうに、しゃがみこんでしまう人もいるのではないでしょうか。私も昔はそうでした。

この感想の書き方、なにが悪いのかわかりますか？

悪いのは、あなたではありません。悪いのは、

①「泣ける」
②「やばい」
③「考えさせられた」

この3つの言葉です。

じつはこの3つの言葉って、「感想界のクリシェ＝ありきたりな表現」なんです。

とくに「泣ける」と「考えさせられる」は、かなり要注意の言葉です。この2つの言葉を使うと、そこで思考停止になってしまいます。

たとえば映画の宣伝で「全米が号泣」という言葉が使われすぎて、「全米は号泣してないぞ」とツッコミを入れる人をたまに見かけます。あれは、全米の人が実際に号泣したかどうかという事実が問題ではなく、あらゆる映画の宣伝文句に「号泣」とか「泣けた」という言葉を多用していることを揶揄しているんですよね。つまり、クリシェに対する揶揄なのです。

クリシェは、あなたの言葉を奪う敵だと思ってください。

よく見る、それらしい言葉。その言葉を使うだけで、なんだか文章自体が、それっぽくなる。感想っぽくなる。だから、つい使ってしまう。

「考えさせられる」なんて、使うだけでなんだか「かっこいい感想っぽくなる」言葉だと思いませんか？

でも、そういう言葉こそ、いったん忘れてほしい。「クリシェ＝ありきたりな表現」は、あなた自身の表現を奪ってしまうから。

他人の言葉に支配されない

クリシェを禁止した先に、「自分だけの感想」が存在する。
ありきたりな、それっぽい表現を使わずに、ちゃんと自分だけの感情、考え、印象、思考を言葉にする。それだけで、オリジナルな表現ができあがります。

クリシェを使わない訓練をしていくと、不思議と感想が書ける量——つまり文章のネタの数も増えてくるんです。本当ですよ。どういうメカニズムなのかは、またあとの章で詳しく説明しますね。

まずは、ありきたりな言葉ではなく、自分の言葉を大切にしてください。自分の言葉とは、つまり自分の感情であり、自分の思考のことです。

私たちは放っておくと、想像以上にすぐ他人や世間の言葉に支配されてしまう。「支配」と書くとちょっと大げさですけど、気を抜くとすぐに思考停止して、世間で使っている言葉をそのまま真似する傾向にあります。

たぶん人間は、そもそもそういう生き物なんでしょう。じゃないと、赤ちゃんは言葉なんて覚えられないですよね。


けれども、そんな人間の習性に抗って、自分だけの言葉を使ってみましょう。**世間や他人がインストールしてこようとする言葉に対して、「自分は本当にその言葉でいいんだっけ」と立ち止まる。**そして、自分だけの感情や思考を取り戻して言葉にする。

これって、じつはすごく重要なプロセスなんです。


推しについて語りたいだけなのに大げさな〜！　と思われるかもしれません。でも、推しを語るなんて、ただでさえ他人の影響を受けやすいジャンルです。

あなたにはありませんか？　同じものを好きな他人の趣味嗜好に、つい影響を受けてしまったこと。

「私は●●がすごくよかったと思っていたのに、同じ趣味を持つ友人が『●●は平凡だ』と言っているのを聞いて、なんとなく●●が微妙だと感じてしまった……」

●●に当てはまるのは、好きな映画でも場面でも人でも、なんでもいいです。こういった経験をしたことのある方は意外と多いんじゃないでしょうか。

好みくらいなら、他人の影響を受けてもいいんじゃないかと思うかもしれません。でも、これが感想だった場合、あなたが本当は伝えられたはずのあなただけの感想が、いつのまにか消え去ってしまうんです。

そんなの、もったいないです！

せっかく感想を言葉にするなら、自分のオリジナルな感情を大切にしましょう！　世間や他人の言葉に流されずに、自分だけの言葉を使う訓練をすれば、きっとそれが習慣になります。

具体的な「自分だけの感情を大切にする方法」については、第2章で詳しく述べます。

まずは、「自分の感情を大切にするのって重要なんだな～」と理解しておいてください。

文章に必要なのは「工夫しようとする志」

伝わりやすさの決め手は「工夫」の量

さて、あなたがクリシェに負けず、自分の感情を言葉にできたとしましょう。

それだけで推しを語る文章は、完成するのか？　そう聞かれると、残念ながら答えはNOです。じつはまだ必要なものがあります。

それは「工夫」です。もっと詳しく言うと、「工夫しようとする志」です。

「志」とか、さっきから大げさな言葉ばかり使っていますが、これはすごく大切なことなんですよ。先述したように、日本の作文教育には、ありのままの感情を書けば作文になる信仰があります。けれども、実際はそんなことはない。

文章の核が、「自分だけの感情」だとすれば、その核を包むものとして「文章の工夫」

がなければ、他人には伝わりません。

これがまったく他人に伝わる必要のない文章だったら、正直、核の部分だけでいいのです。私も自分だけしか見ない日記を書いているときは、文章の工夫はまったく気にしていません。だって、自分だけに伝わればいいのだから。

でも、誰かに読んでもらいたい文章ならば、誰かになにかを伝えたい、伝わってほしいのならば、核を包む工夫をすることが絶対に必要です。その工夫をどれだけできたかが、他人への伝わりやすさを決めます。

自分が考えたことを、そのまま言葉にする。そして、その言葉を伝えるために、工夫された言葉にする。このひと工夫の手間があって初めて、他人に伝わる文章になるのです。

工夫は面倒だから

とはいえ、文章に限らず、工夫って面倒ですよね。

私は料理が嫌いなんですが、「ひと手間かけることによっておいしくなります！」といくら言われたところで、「でも、そのひと手間が面倒なんだよ!!」って言いたくなってしまいます。だしはだしパックで取りたいし……なんなら、だし入り味噌を使いたいし……。

文章においては、幸い工夫することが楽しいなと思えるので、書評家の仕事ができているのですが。本書を読んでいて「こんな工夫をしなきゃいけないのか、面倒だな」と思う方もいるかもしれません。でも、そういうときは、自分のできる範囲の楽しい工夫をしましょう。

文章を書くのに時間がかかりすぎてしまうと、どんどん書く気が失われていき、書き終わらないこともあります。文章を書くことにものすごく時間がかかって、生活に支障をきたしたら本末転倒。推しについて語るどころの話じゃありません。

だからこそ、工夫は「ここまでだったら楽しめるな」という範囲でやってもらうのが一番です。「ここから先は面倒で手がでないな」という線引きは、ぜひ自分の判断でお願いします！

文章のうまさは文才ではない！

伝わる文章というのは、書き手が「伝わるように工夫している」から、伝わっているんです。

つまり、どんな文章の天才でも、工夫していないはずがない。

だから私は「文才」という言葉をあまり信じていません。

文章の才能は存在するかもしれないけれど、それよりも工夫する努力をするほうが、文章の完成度が高くなる要素の比重は絶対に大きいのです。

まあ、小説を書く人でもなければ、自分の文才を気にする人はいないかもしれませんが。

文才ではなく、工夫の量が文章のよさを決める。そんなふうに考えて世の中の文章を眺めると、また違った景色が見えるかもしれません。

「あ、この言葉の使い方が、わかりやすい文章をつくっているんだな」「こういうところで改行すると、わかりづらいんだな」と、他人の文章から学べることも多くなるはずです。

たとえひとりしか読まないファンレターであっても、大勢の目に触れてほしいブログであっても、どちらも同様に文章の工夫を重ねることで、読み手に伝わる度合いは変わってきます。

それは決して「文章がうまくなるには努力が必要！」ということではなく、工夫しようとする意志がまずは大切なんだ、ということです。

読解力ではなく妄想力が必要！

感想を書くのに、読解力や観察力はいらない

自分の感情を核とすれば、そのまわりを工夫で包んであげることが大切なんだということをお伝えしてきました。

そう言われても、「その核はどうやってつくればいいの？　感想を書くための言語化がうまくいかないんだけど」と困惑する方もいるかもしれません。

たしかに「推しについてなにか書きたい！」と決意したところで、そんなにぽんぽんとネタがでてこない、書くことが思いつかない。そんな悩みをよく聞きます。

本や漫画について書こうとしても「読解力がないから感想が書けないんだ」と考えてしまう。あるいは、好きなアイドルについて書きたくても「観察力がないからネタが思いつ

かない」と嘆いてしまう。

好きなものや人の魅力について言語化したいのに、その魅力を紐解くための読解力や観察力がない。そんなふうに感じている方は多いでしょう。


でも、感想を書くうえで大切なのは、読解力でも観察力でもありません。

なにが必要かといえば「妄想力」なのです。

「妄想力」とはなにか？

それは、自分の考えを膨らませる能力のことです。

妄想を広げて感想を生みだす

たとえば、推しの俳優がドラマですごくいいシーンを演じていたとき。

あなたはそのドラマの感動をファンレターにして、推しに伝えたい。しかしなにを書いていいかわからない。でも、とにかくよかった。すごくよかった。

——この「よかった」という地点から、自分の思考を展開させる力が妄想力なんです。

推しがものすごくいい台詞を言っていた。「ああ、あのシーンよかったなぁ」と頭の中で反芻する。そこであなたは、「よかった」シーンのなにがよかったんだろう？　と考えます。

恋愛ドラマで両想いになるシーンって、よくある気がするけれど、じつはなんでもない台詞っぽくしゃべることってあんまりないんじゃないか？　変なわざとらしさがなくて、そこがよかったのかな？　普通、ああいうシーンって気張って変な力みがわかっちゃうもんな、自然な感じがよかったのかな。なんで、ああいう自然な感じで台詞を言ったんだろう。それって推しのキャラ解釈なのかな？　今まで出演していたドラマの演技より、今回のほうが全然よかったし、推しと役との相性がいいのかな。それとも脚本がよかったのかな。

……と、これは一例ですが、「よかった」理由を考えるには、こんなふうに思考を転がしていく妄想力が必要になってきます。

ただじーっと観察したり、読み込もうとしたりしても、感想は膨らみません。「なんでよかったのかな？」「どこがよかったのかな？」という点から、思考という名の妄想を膨らませてみる。

「よかった」理由について、昔見たものや昔好きだった推しを引っ張りだしつつ、自分の妄想を広げていく。そんなイメージで考えるほうが、感想のネタはでてきやすいのです。

妄想だから、正しくなくていい

「読解力が必要」とか「観察力が必要」とか「分析力が必要」とか言われると、身構えちゃいますよね。それ、どうやって鍛えたらいいの⁉　と思ってしまいます。私だって、どう鍛えたらいいのかわかりません。

でも、妄想力つまり「とにかくなんでもいいから妄想を広げればいいんだ」と言われたら、ちょっとできる気がしてきませんか？

たとえば私は、本を読み終わると、自分の昔読んだ作品や同じような作品がぼーっと頭に浮かんできます。あれと似ている本だったな、いやでもここが違うからよかったんだよな、とか。面白くなかった本だとしても、こういう系統ならあの本のほうがいいよなーと思ったり。そして、なんでこういう内容の本が、生まれてきたんだろう？　なんてぼんやり考えるのがクセなんですね。

時代としてこういうあらすじの本が今売れやすいのかな、とか、このキャラクターって若い人にウケない感じがするけど、なんでそう私は感じるんだろうとか、妄想をひたすら繰り広げています。

その妄想が、書評を書くときの取っ掛かりになるんです。

ここで大切なのは、私の考えていることが、ほぼほぼ妄想であること。つまり、その考えが正しいかどうかは定かではありません。

「あの本とこの本は似ている気がする」と思ったところで、実際に作者がその本を参照したかどうかはわかりません。私以外の人からすると、たいして似た本じゃないかもしれない。作者や他の読者からすると、「はあ？」って首を傾げられてもおかしくない発想かもしれない。

でも、そんなことはどうだっていいんです。妄想ですから。**客観的に合っているかどうかなんてどうでもいい。とにかく妄想を広げるのが重要なんです。**

妄想力で思考をこねくり回す

もちろん、妄想をそのまま事実かのように文章に書くのはダメですよ。「××と●●は似ているし、なんなら××は●●のオマージュっぽくもあるよな〜」と思っても、感想を書く際に「この××の作者は●●という作品を真似している」と書いてしまうのはNGです。これは、嘘をまき散らしているだけになってしまいます。

でも、あくまで自分の感想であることを断ったうえで、「××は●●と似ていると私は感じた。なぜかというと〜〜という展開が似ていて、そしてこの共通点は今の時代を象徴しているように思えた」なんて書けたら、それは立派な感想文になります。

自分は感想を書けない、書くネタが見つからないと思ったら、ぜひ、妄想を膨らませてみてください。合っているか間違っているかは置いておいて、まずは、自分の感想を頭の中でこねくり回すという体験が重要なのです。

もちろんいい感想を書いたほうが、結果的に観察力や読解力のレベルが高いように見えることは多々あります。しかし、それはあくまで結果。私たちが身につけるべきものは、妄想力なのです。

具体的な感想のこねくり回し方――つまり書く前にする妄想の方法――は、第2章で書きます。

推しの魅力を伝えることは、自分の人生を愛すること

ここまでで「自分の感情という核」の重要性、伝わる文章を書くためには「工夫で包む」ことが必要であること。そして「妄想力があれば感想は生まれる」ことの3点をお伝えしてきました。その3点をどうやって身につけるかは、次章以降で説明しますね。

推しの魅力を伝えるのって、すごくすごく素敵なことです。自分の好きなものや人を語ることは、結果的に自分を語ることでもあります。

冷静に自分の好みを言語化することで、自分についての理解も深まる。それでいて、他

者について語っているのだから、自分じゃない他者にもベクトルが向いている。すると、**他者の魅力や美点に気づく力も身につきます。**

せっかく出会えた好きなものや人について語ることは、自分の人生の素晴らしさについて語ることでもある。私は真剣にそう考えています。

だからこそ、推しを語ることをぜひ楽しんでください！

どうせなら楽しく伝わるように語れたほうが、伝える側も伝えられる側も嬉しいはず。本書が、その一助になることを願っています。

さあ、抽象的な話はここまで。次章以降では、具体的に推しを語る方法について紹介していきましょう。

推しを語る準備、できていますか？

第2章

推しを語る前の準備

なんのために「推し」を言語化するの？

「感動＝やばい！」しか言えなくなる

「推しの素晴らしさを伝える文章」を書こう……！

そう気合を入れて、ファンレターを書くための便箋を買ってみたり、ＳＮＳアカウントを増やしてみたり、ブログを開設してみたりしたはいいけれど。そのあと、あなたはなにをしますか？

「よし、最近めちゃくちゃよかったライブの感想を書くぞ」と思ったとします。

なにから書こうか？　うっ、書くことが思いつかない。「よかった」しか言葉がでてこない。じゃあ、セットリストの素晴らしさを書く？　すごく聴きたかった曲が聴けたことについて？　あ、それともＭＣのよさ？　推しの衣装について？　ああ、なにから書こう。

というか、あのライブの一番よかったところってどこなんだろう？

先述したように、私は「推しの素晴らしさを言語化しようとしても、語彙力がなくて、いい言葉が思い浮かびません」と相談されることがたまにあります。

じつは私も同じで、すぐには言葉がでてきません。「推しの素晴らしさを伝える文章」を書きたいと思うとき、大抵まずは頭の中がわーっと騒がしくなっています。

推しの魅力とか、簡単に言葉にできない。「最高だった」「やばかった」「すごかった」しか浮かばない。「推しを見て感動した」、その先が言語化できない。

でも、私はその状態が悪いことだとはまったく思いません。なぜなら、**感動が脳内ですぐに言語に変換されないのは当たり前のこと**なんです。

だって、感動とは言葉にならない感情のことを指すから。

昔の人も「やばい！」を使っていた！

古語に「あはれなり」という言葉があります。

これって「なんか胸がじーんとする」「グッとくる」「うわあって言いたくなる」といった感覚をひと言でまとめた語彙なんですよね。

胸になにかがグッと飛び込んでくる。そして、感情がぶわっとあふれる。あふれた感情はプラスの場合（＝いいものだと思う）も、マイナスの場合（＝悲しいものだと思う）もどちらもある。

良くも悪くも、感情が振り切れる体験——それが古語の「あはれなり」です。昔の人は、よくこんな便利な言葉をつくったものですよね。


しかし、現代語には「あはれなり」に代わる語彙がない。

感動したとか、感激したとか、そういった言葉が一番近いですが「あはれなり」が指す感情すべてを包括する語彙はありません。だから私たちは、「あはれなり」の現代語バージョンとして、「やばい」という言葉をいつのまにか発明したのでしょう。

「やばい」って、それがプラスの感情だろうとマイナスの感情だろうと、どちらかに指標が振り切れているといった意味ですよね。**いいときもよくないときも、なにか自分の感情**

が大きく動くような事態に対して、私たちは「やばい」を使う。あれは古語の「あはれなり」とまったく同じ意味なんです。

これは余談になりますが、そう考えている私は『やばい』を使う最近の若者は語彙力がない！」って批判する気持ちがわからないんですよね。だって「やばい」って、要は「あはれなり」と同じ使い方をするんだから。平安時代はオッケーで現代ではダメなんて、意味がわからない！

そんなわけで、日本には昔から「感情が大きく動くこと」をひと言「あはれなり」でまとめてしまう文化があるわけです。そして、なぜ「あはれなり」でまとめられるかというと、もう、そう表現するしかないからです。

感情がぶわっと動く。なんだかすごいものを見た——なんだこれ。
目の前で起こったことに対する自分の感情を言語化できないほどに、未知の事態である。
そういう状況をもって、私たちは本当の意味で感動する。

だとすれば、自分の感情をすぐさま言語化できないことを恥ずかしく思う必要はないんですよ。むしろ、言語化できないほど感情を動かされるものに出会えたことを嬉しく思いましょう。そんな出会い、人生でなかなかあるものじゃない。

感情を大きく動かしてくれるって、それがたとえマイナスでもプラスでも、人生におけるすごく素敵なギフトです。

なんのために感動を言語化するの？

しかし「じゃあ感動を呼びさましてくれた推しに感謝！　感動は感動のままに、言語化せずに終わりましょう！」だと……SNSにもブログにもファンレターにもなにも書けずに終わってしまいます。それは困りますよね。

いや、もちろん本当に感動した経験って、自分のなかに留めておいてもいいんですよ。なにも無理に他人へ伝えなくても、自分の記憶として脳内に置いておくのも一手です。

しかし私は、「たとえ自分しか見ない日記やメモのなかだったとしても、自分の言葉で感動を言語化して、書き記しておくのはいいことなんじゃないか」派です。

なぜなら、自分の言葉で、自分の好きなものを語る――それによって、自分が自分に対して信頼できる「好き」をつくることができるから。


第1章の終盤に、私は「自分の好きなものや人を語ることは、結果的に自分を語ることでもあります」と書きました。そもそも、好きなものや素敵だなと思った人って、すごく大きな影響を自分に与えてくれますよね。もちろん嫌な経験や辛い出来事も自分を形づくるものではありますが、やっぱり好きなことの影響は大きい。

だとすると、自分を構成するうえで大きなパーセンテージを占める好きなものについて言語化することは、自分を言語化することでもあります。

そして、なにかを好きでいる限り、その「好き」が揺らぐ日はぜったいにくる。私はそう思っているのです。

「好き」は、簡単に揺らぐもの

なにが起きても絶対に変わらず好き、なんてほとんどあり得ません。

たとえば、あるアイドルがすごく好きでも、そのアイドルが自分の想像とはまったく違う行為をしていた。すると自分の「好き」がよくわからなくなってしまう、なんて体験もよく聞く話です。

スキャンダルはわかりやすい例ですが、人によっては髪型やメイクを変えるイメチェンや、あるいは意外な趣味を持っていたことすら、「好き」が揺らぐきっかけになり得るかもしれません。

または、すごく好きな映画があったけれど、他人が「駄作じゃん」って言ったのを聞いた途端、急に好きかどうかわからなくなってしまった。これ、映画に限らず本でも漫画でもアニメでも音楽でも、よくあることです。他人がＮＧをだしているのを見て、急に「好き」が色褪せた経験、あなたにも一度はあるんじゃないでしょうか。

大人になって「好き」が冷めてしまうこともありますよね。昔すごく好きだったキャラクターなのに、大人になるとその魅力がわからなくなる。思春期にハマっていたミュージシャンの歌詞が、社会人になってなんとなくピンとこなくなる。これもよくある現象です。

そう、「好き」って、揺らぐものなんです。揺らがない「好き」なんてない。

自分も生きて変化していくのだから、好みも変わっていくのは当たり前です。もしくは、好きな相手が生身の人間だとしたら、相手だって変わっていきます。自分の思う通りに存在するわけがない。

だから、絶対的な「好き」なんてほぼあり得ないもの。そして「好き」が揺らいだとしても、それを嘆く必要はまったくありません。だって当たり前だから。むしろ揺らがない「好き」なんて、盲目的な執着であって、本当の意味で「好き」なわけじゃないのかもしれません。

「好き」は、一時的な儚い感情である。そんな前提を内包しているんですね。それは悲しいことでもなんでもなくて、そういうものなんです。

「好き」を言葉で保存する

でも、たとえ「好き」が揺らいで消失したとしても、一度「好き」を言葉にして残しておけば、その感情は自分のなかに残り続けます。

たとえば、推しがアイドルの場合。ライブや新曲を追いかけて、楽しい日々を送っていた。でも、スキャンダルが発覚し、たくさんの人からそのアイドルが非難されて、自分もまたショックを受けた。そうするうちに、そのアイドルを好きではなくなってしまった。こんな悲しい出来事があったとしましょう。

あなたは、そのアイドルを好きだったときに「好き」を言語化して、自分のスマホのメモ帳に残しておいた。スキャンダルから少し経って落ち着いて、そのメモを見返してみる。すると、もう存在しなくなった自分だけの「好き」が、そこに保存されているんです。

別に、それを読み返せばもう一度好きになることができる！　と言いたいわけではありません。

ただそこに、「好き」があったことを思い出せる。**今はもう好きじゃなくても、いつのまにか自分の一部になっていた「好き」の感情が保存されている。これって意外と大切なことじゃないでしょうか。**

もちろん、写真を残したり、グッズを置いておいたりすることも「好き」を保存するいい方法でしょう。

でも、一番鮮明に残る「好き」は言葉です。

「好き」は儚いからこそ、鮮度の高いうちに言葉で保存しておいたほうがいいんです。そして、言葉という真空パックに閉じ込めておく。

いつかやってくる「好き」じゃなくなる瞬間を見据えて、自分の「好き」を言葉で保存しておく。すると、**「好き」の言語化が溜まってゆく。それは気づけば、丸ごと自分の価値観や人生になっているはず**です。

誰かにけなされても、自分が変わっても、推しが変わってしまっても。自分の「好き」についての揺るぎない言語化があれば、自分の「好き」を信頼できるはずです。

自分の「好き」を信頼できることは、自分の価値観を信頼することにつながります。
だって、好きなもので自分はできあがっているのだから。
自分の「好き」を言語化していけばいくほど、自分についての解像度も上がる。だからこそ、自分の「好き」の鮮度が高いうちに言語化して保存したほうがいい――そう私は考えています。
そういえば、昔読んだ本のなかで、小説家の村上春樹さんがこんなことを言っていました。

走り続けるための理由はほんの少ししかないけれど、走るのをやめるための理由なら大型トラックいっぱいぶんはあるからだ。僕らにできるのは、その「ほんの少しの理由」をひとつひとつ大事に磨き続けることだけだ。暇をみつけては、せっせとくまなく磨き続けること。

（村上春樹『走ることについて語るときに僕の語ること』文春文庫版より引用）

これって「好き」についても同じことが言えると思うんです。

もちろん好きなものや人との蜜月の間は、好きでい続ける理由がたくさんある。好きな理由で自分のなかが満たされる。

一方で、蜜月の期間が終わって、好きなものや人についていろんなものが見えてくると、好きでい続ける理由がよくわからなくなる。そんな時期が、いつかはやってくるのです。

そういうときって、好きであることをやめるための理由は、どこにでも――それこそ大型トラックいっぱいぶん――落ちているものです。

だからこそ、数少ない好きな理由を言語化して、保存することに意味があるんです。**好きという感情の輪郭を、自分でなぞって確認しておく。**いつか好きじゃなくなっても「ああ、たしかにこの時期、私はこういうものが好きだったな」と思い出せるようにしておく。これって割と楽しいことだと思いませんか？

また、推しへの感動を言語化した文章をブログやSNSで発信したら、不特定多数の誰かに伝えることができる、という利点もありますよね。

自分の推しの魅力を発信することによって、それを見た誰かが自分と同じ推しを好きになってくれるかもしれない。推しを他人に好きになってもらうため、推しの仲間を増やすために「好き」を言語化してみる。

自分のためにも相手のためにも、「好き」を言葉にしておくことって、すごく意味のあることなんです。

スマホ時代の推し語り講座

まっさきに自分の感想をメモする

それでは、自分の「好き」を言語化するうえで、一番重要なことを伝えましょう。

ずばり、「他人の感想を見ないこと」です。

逆に言うと、「好き」を言語化するうえで一番NGなこと——それは、他人の感想を自分の言語化の前に見てしまうことなんです。

これ、今の時代だからこそ、すごく気をつけたほうがいい!!　と私は声を大にして言いたい。自分自身、とっても気をつけています。というか、気をつけていないと、他人の感想が自然と目に入ってしまう。そして、他人の言葉に影響されてしまう。

自分自身の「好き」を言語化しようと思ったのに、他人の言葉によって、自分の「好き」

を見失ってしまう。そういうことって往々にしてあるんです。

たとえば映画の感想を見かける。自分とは違う評価が書いてある。はっきりとした強い言葉を使っているので、なんとなくその人の言っていることのほうが、説得力があって正しい気がしてしまう。すると、なぜか自分の感想が、もともとその人と同じものだったような気持ちになってくる。

自分がまだもやもやとした「好き」しか抱えていないとき、**ほかの人がはっきりとした強い言葉を使っていると、私たちはなぜか強い言葉に寄っていくようにできています。**

いきなり話が大きくなりますが、歴史上の独裁者って、大抵演説がうまいですよね。それはつまり、人の心をとらえる強い言葉を使うのが上手、ということです。強い言葉は、私たちの心を引きつける。

強い言葉って、「もともと自分もそういう考えだったのかもしれない」と思わせる力があるんです。共感を呼びさます力がある。それが強い言葉の定義です。

でも、他人の強い言葉に身を委ねすぎるのは、危険です。自分が思ってもみなかったことなのに、さも自分がもともと考えていたかのように抱いてしまう。すると、**自分の「好き」はおろか、自分の感情や思考、もともと持っていた言葉も見失ってしまいます。**

そうはいっても、私たちは他人の言葉に影響を受けてしまう生き物。他人の言葉をコピーするような仕組みを持って生きている。

でも、だからこそ、抗うべきです。

言葉のクセはうつっても、思考は自分だけの部屋を持てるように。自分だけの言葉を手放さないように。

その第一歩として、自分の「好き」を言語化する前に他人の言語化を見ることは、やめておきましょう。

具体的に言うと、「SNSやインターネットで自分の推しについての感想を見るのは、自分の感想を書き終わってから!!」。

もちろん、他人の言葉を読むことによって自分の感想が生まれる場合もある。たとえば、他人が言及していたことから自分も思い出して「そうそう、私もそこ好きだった」って感想がでてくる、とかね。

でも、それは自分の感想をいったん書き終えてからでいいじゃないですか？

「この感動を人とわかち合いたい!!」そう思って、なにかを観たあとにすぐSNSを開いてしまうクセは、私自身すごくあります。でも「危険だな～」といつも思うわけです。

自分の言葉をつくり終わったあとなら、人の言葉を見ても、「あ、ほかの人はこんなふうに思うんだ」って客観的に見られる。

だから、SNSで他人の感想を読む前にひと呼吸おいて、まずは自分の感想をメモしましょう。すごく重要なコツなので、ぜひ実践してみてください。

ネガティヴ・ケイパビリティを身につける

自分の推しへの感想をもやもやした状態のまま置いておくのって、そわそわして落ち着きませんよね。他人にバシッと言語化してもらいたい！　そんなふうに思う気持ちもよくわかります。

これについて、谷川嘉浩さんという哲学者が「ネガティブ・ケイパビリティ」という言葉を使って説明しています。ネガティブ・ケイパビリティとはなにかといえば、「もやもやを抱えておく力」のこと。すぐに白黒つけずに、もやもやをじっくり抱えたままにすることで、あなたが本当に感じていることや、考えるべきことがわかってくるのです。

詳しくは『スマホ時代の哲学 失われた孤独をめぐる冒険』（谷川嘉浩／ディスカヴァー・トゥエンティワン）という本を読んでみてほしいのですが、**私は「推し」についても「もやもやを抱えておく力」は重要だと感じています。**

そもそも「推し」って、もやもやするものじゃないですか。

好きだからこそ、こうあってほしいという理想が自分の内側にある。それゆえに運営の在り方にもやもやする〜とか、ほかのファンにもやもやする〜とか。あるいは、自分の「推し」に対する感情をなかなか言語化できずに、もやもやするときもあるでしょう。というか、もやもやのない推しって、そんなにいないのかもしれません。

でも、そのままでいる。そのまま抱えておく。

それもまた重要な「推し」の在り方ではないでしょうか。

だって、他人の言葉を借りてまで、全部が全部白黒はっきりつけることが正義ではないはずです。自分の好きを言葉にできるまでもやもやを抱えながら、そこで揺るぎない言葉を見つけられれば、きっとあなた自身の「好き」への信頼は積み上がっていくはず。

ネガティヴ・ケイパビリティを身につけるためにも、好きの言語化は、重要な習慣なのです。

「人の言語化に頼らない」という意識を持つ

この大SNS時代、人の感想を見てしまうことは避けられません。

だからこそ重要なのは「他人の言語化に頼らない」という意識そのものではないでしょうか。

他人の言語化に頼りすぎず、自分の言語化をする。その意思をもって日々を過ごしてみる。言語化の具体的なコツはこれからお伝えしますが、最初に「他人ではなく自分の言葉が重要なんだ」ということを理解してもらえたら嬉しいです。

他人の言葉を拝借するんじゃなくて、自分の言葉をつくりだす。
その姿勢が、あなたの、自分自身への「好き」への信頼を生みだす。

繰り返しますが、自分の言葉で自分の好きを説明することが大切なんです。他人の言葉によるものじゃ、意味がない。

――私がこんなに何度も「他人じゃなくて自分の言葉を使うんだ」と伝えているのは、これがかなり大切なポイントだからです。

というのも、X（旧Twitter）にしろブログにしろ、今の時代「みんなの感覚に寄せた言葉」が広がりやすいじゃないですか。昔だったら、限られた政治家や作家だけが大勢の前でしゃべる機会があったけれど、今は、誰もが言葉を届けられる場がある。それはインターネットのすごくいい面です。私もその恩恵を受けていますし、自分が読んだニッチな本の感想をインターネットで見つけると嬉しくなります。

一方で、これって危険なことだよなぁ、とも常に感じています。自分の発信の影響範囲を考えていない人の言葉が、びゅんびゅんといろんな人に届く。すると、みんな他人に届きやすい強い言葉を使うようになる。そのうち、自分の本心とは遠い、行き過ぎた言葉が出回りやすくなる。

そしてその強い言葉を、無邪気に自分の言葉のように扱ってしまったら……。自分の感想の言語化の前に、他人が使った広がりやすい言葉を「これが自分の意見だ」と思い込んでしまったら……。けっこう、危ういことじゃないでしょうか。

他人が思っていることを自分の思っていることだと認識してしまうことは、洗脳のされやすさにもつながります。そんなの嫌でしょう！

たかが推しの感想で洗脳って大げさな、と思われるかもしれません。ぶっちゃけ大げさな話ですよ。でもやっぱり、自分の言語ができあがってから、他人の言語に触れる。そういうクセをつけることで、いろんな危険から逃れやすくなることも本当です。

たかが推し、されど推し。

人に頼らず、自分の言葉を見つけましょう。誰かに思想を洗脳されないために、そして自分の頭で考え続けるためには、自分の言葉を見つけることが重要です。

「感想を語ること」は、人と自分の言語化を比べやすいので、自分の言葉をつくるトレーニングをしやすい場所です。見るものは同じだけど、他人とは感想が違う。その経験を繰り返すことで、自他の境界が見えやすくなり、翻って他人ではなく自分の言葉を見つけられるようになります。

自分の言葉をつくるための３つのプロセス

抽象的な心構えの話はここまでです。

さあここからは、具体的な「感想の言語化の前に必要なプロセス」について説明していきましょう。

仮に、推しにファンレターを書く機会があるとします。推しの公演期間、５回はファンレターを書きたい。ということは、５回分のネタをひねりだしたい。ああ、でも５回分書けるような内容、思いつかないよ！

そう思ったとき、ＳＮＳで他人の感想を見る前にこのプロセスを踏みましょう。

①よかった箇所の具体例を挙げる
②感情を言語化する
③忘れないようにメモをする

つまり、①心を動かされた箇所の具体例を挙げる→②自分の感情を言語化する→③それをメモする、という順番です。

もちろんこの①〜③のプロセスを踏まずにいきなり「書く」段階に向かってもいいですが、①〜③を手早くできるようになると、書くことがとても楽になるので、習慣として身につけることをおすすめします。慣れてくると、頭の中でぱーっと①〜②ができるようになって、気がついたら③のメモを取りだし始めている！　という状態になりますよ。

私の場合は、①〜③を他人の感想を見る前にやってしまいます。そして③まで終えたところで、人の感想を見始めます。本格的な感想を実際に書くかどうかは置いておいて、Ｓ

NSを見る前に「書く前の準備をすべて終える」習慣があるんです。

たとえば書評家として面白い本に出会ったとき、あるいは自分の好きな宝塚の公演を見たとき、または好きな映画や漫画にふれたとき……とりあえず①〜③のプロセスを一巡します。そして自分の日記やX（旧Twitter）にがーっと感想を書いておく（このあと、ブログや記事のようなしっかりとした文章にするかどうかは、時と場合によります）。

この①〜③のプロセスを終えておくと、あとでいきなり「●●について記事書かなきゃ！」「なんか●●にファンレター書きたくなってきた！」という機会があったとしても、メモを読み返せばいいので、大変ラクなのです。

言語化とは、細分化のこと

よかったところを細かく具体的に挙げる

それでは、74ページで紹介した①〜③のプロセスについて、詳細に説明していきましょう。

①〜③でなにをやっているかというと、「自分がなにに感動したのか？ どこを面白いと思ったのか？ なんであの場面にもやもやしたのか？ 違和感を覚えたのはなぜか？」など、自分の感情を細かく見ていく作業をしているんです。

ここで、もっとも重要なことを言います。

「言語化するには、語彙力が必要だ」と世間ではよく言われますよね。本を読んで語彙力をつけろとか、聞いたことのある人は多いでしょう。でも、推しの魅力を言語化するとき、本当に重要なのは語彙力ではありません。

必要なのは、「細分化」です。

言語化とは、いかに細分化できるかどうかなのです。

たとえば、あなたが好きなアイドルのライブについて語りたいとしましょう。ライブ、すごくよかった。あのよさを言語化したい。そう思ったときにまずやるべきは、「自分は」「どこが」よかったのかを具体的に思い出すことです。これは箇条書きで構いません。左記に例を挙げますね。

【具体例】

・一曲目に●●の曲がきたこと
・●●のタイミングのMCで「●●」という発言がでたこと
・●●のダンスがうまくなっていたこと
・●●の衣装がかわいかったこと

などなど。ここで「感想」を書いてもいいですが、無理して書かなくても大丈夫。大切なのは心を動かされたところを細かく具体的に挙げること。

「好きだった」「よかった」「感動した」ところを挙げてもいいですし、反対に、「嫌だった」「違和感を覚えた」「好きじゃなかった」ところを挙げてもいいです。全体的には好きだったとしても、ここはちょっと微妙だったな……と思う要素って、絶対にありますよね。無理して挙げる必要はないですが、あれば書いておいたほうが、あとで感想を書くときに役立ちます。

具体例の挙げ方

ライブ鑑賞の場合の具体例は、前ページで書いた要素になりますが、他のジャンルであれば左記のような項目を参考にしてみましょう。

◎フィクション（小説・映画・漫画・舞台など）

・好きな／好きじゃないキャラクター

・印象に残ったセリフ
・なんかすごく心に残っている場面
・びっくりした展開
・結局最後までよくわからなかった心情

◎イベント（音楽ライブ・ショーなど）
・自分に響いた歌詞
・よかった場面／曲
・舞台装置で気に入った点
・ぐっときた衣装
・ぴんときた人

◎人（アイドル・俳優・ミュージシャン・芸人など）
・自分がなるほどと思った言動
・好きになったきっかけ

・今まででいいと思った現場
・好きな髪型や服装
・やってくれて嬉しかった仕事

あくまで一例ですが、私はこんな感じで具体的にメモをしています。そして具体例をどのぐらいメモするか、どこまで網羅するかは、ぶっちゃけ、あなたがどれくらい「メモ魔」になれるかどうかによります。

ちなみに私はけっこうメモ魔なので、大量に具体例を記録しておくのが好きなんですが。メモが苦手な人も「感動ポイントを全部メモしなきゃ！」とプレッシャーを感じる必要はありません。それより、ひとつのことでもいいので、とにかく具体的に書いておきましょう。これがなにより大切です。

そして、自分に嘘をつかずに挙げること。**無理して「よかった点だけ」挙げるのではなく、「違和感を覚えた点」も含めて挙げることで、より自分の感覚を深く言語化することができます。** 嘘をつかず、楽しくできる範囲で、具体的に感動した点を挙げるのがポイントです。

感動ポイントを「細分化」すべき理由

心を動かされたところを具体的に挙げるうえで注意してほしいのが、「細かく」挙げること。

これは細かくたくさん挙げろ、と言っているのではありません。挙げるのが全体的な点ではなく、細かければ細かい点であるほどいい！　という意味です。

細かく具体例を挙げることのなにがいいのか。

それは、**感想のオリジナリティは細かさに宿る**からです。

たとえば、ライブの感想に「最高！」という言葉しかでてこないという悩みは、ライブの「どこが」最高だったのかを言えたら解消されます。ライブで「この曲が」演奏されたのが嬉しくて、「この歌詞が」あらためて響いて、「この演出が」自分の心を揺さぶった。

そんなふうに、最高だった点を細分化さえできれば、じつは語彙力なんてなくても、あなたのオリジナルな感想になり得るのです。

あなたの心に、どこが響いたのか。それを細かく挙げることによって、あなたの感想はあなただけの言葉になります。

この具体例が細かければ細かいほど、ほかの人と違う感想になりやすいんですよね。もちろん無理に他人と違う感想を言う必要はないのですが、それでも、あなた個人のオリジナリティある感想を書けたほうが、あなたが書く理由があるじゃないですか。だから私は、できるだけ細かい点が挙げられた感想が読みたいな、といつも思っています。

そう、言語化って、細分化のことなんです。

感想だけでなく、この世のあらゆる言語化は、まず細分化が必要です。言語化というと、なにかをそっくりそのまま言い換える表現のように思われますが、違います。**言語化とは、「どこが」どうだったのかを、細分化してそれぞれを言葉にしていく作業なのです。**

言語化とは細分化のこと！

「推しが最高！」しか
言えないのが嫌だ

⇒「推しが●●」と他の語彙に
言い換えるのではなく……

⇒推しの**どこが最高なのか細分化**する

（例）

推しの「**あのセリフ**」
が響いた

推しの「**衣装**」
がよかった

推しの
「**こんな振りつけ**」
がかっこよかった

感情の言語化には、パターンがある

どういう感情を抱いたのかメモをする

それでは、74ページで説明した「**①よかった箇所の具体例を挙げる**」で**〈どこに〉心を揺さぶられたのか**具体的に挙げたとします。

次にやるべきは「**②感情を言語化する**」で、**〈どういう〉感情を抱いたのか**をメモすること。そして、**〈どうして〉その感情を抱いたのか**を書けたら最もいいですね。

つまり①で具体例＝〈どこに〉を挙げ、②で〈どういう〉感情を〈どうして〉抱いたのかを説明する。感情を揺さぶられた点について、①でWHERE、②でHOWとWHYを言葉にするのです。

まず、「どういう」感情を抱いたのか、①で挙げた点それぞれについて書きましょう。

たとえば「●●という台詞」を①で挙げていたら、それに対してどういう印象を持っていたのかを書く。①で挙げた点すべてに感想を書き連ねるんです。

その場面や台詞について、自分がどう思ったかに焦点を当ててメモを取ります。

どうしてその感情を抱いたのかを考える

次に、先ほど書いた感情について「どうしてその感情を抱いたのか」を書きます。

感情の理由について、あまり思いつかない人は、次で説明する3点を考えてみてください。

まず「ポジティブな感情を抱いた理由」の考え方について書きます。「ネガティブな感情を抱いた場合」についてはあとで説明しますので、ちょっと待ってくださいね。

◎ポジティブな感情を抱いた理由を考えるヒント

①自分の体験との共通点を探す

自分が体験したエピソードとの共通点を探します。自分も同じような体験をした、そのときにこの感情を抱いた、それがここでも表現されている……と。これはフィクションの感想を書くときに使いやすい手法です。

②好きなものとの共通点を探す

既に自分が好きなものと似ているなと感じる点がある場合、その共通点を考えてみます。まったく違うジャンルだとしても、自分が過去に好きになったものと近しいものが好きである場合は多くあります。むしろ違うジャンル同士で、あなただけが共通点を知っている場合、その共通項を言語化することがオリジナリティにつながるのです。

③どこが新しいのかを考える

よく見慣れたジャンルで特別に好きだ！　と思えるものって、なにか「新しさ」を持っている場合が多くあります。これまでありそうでなかった特徴、意外と足りていなかった要素、そういうものが加わったときに初めて好きだと思える。

あなたが見つけた、そこにしかない新規性を発見したとき、それを言葉にしてみましょう。ここが今までと違う、と感じる点を言語化してみるんです。

私は、以上の3点をもって「どうしてそれをいいと思ったのか」を考えています。

面白さとは「共感」か「驚き」である

歌人の穂村弘さんが『短歌の友人』（河出書房新社）という短歌の解説書で、こんなことを書いていました。

この短歌がいいと感じるのは、「共感」か「驚き」のどちらかである、と。

「共感」とは、自分も同じような体験や感情を知っていて、それをぴったりくる言葉にしてもらったことへの快感です。短歌だったら「あるある」と言いたくなるような瞬間をぴたりと切り取ってもらったことへの嬉しさである、と。

ここでいう「共感」とは、決して「自分も同じ体験をした」という意味だけではありません。「自分も同じようなものが好きである」という、同じ好みを辿ってきたその遍歴への共感です。

一方で「驚き」とは、それまで見たことのないような未知の手法に出会ったときの快感です。そういう表現方法があったのか、そこでそうくるのか、という裏切り、意外性への感動ですね。マジックを見ているような感覚です。

詳しくは『短歌の友人』を読んでみてほしいのですが、この分類は、決して短歌だけの世界に留まるものではありません。この世にある創作物に対する面白さは、結局この2つに分類できるのです。

だとすれば、推しに感動したときも、この分類を使用することができます。自分が今抱いた感動も、「共感」か「驚き」のどちらであるかを考えることができるのです。

同じものを好き＝「元ネタ」が同じ

「自分と同じ好みの元ネタ」を持っている人ほど、好みは近いものです。

「元ネタ」を具体的にいうと、自分が学生時代に好きだったバンド、テレビ番組、漫画雑誌、観た映画、読んだ本、先生から言われたこと、親から怒られた言葉、嫌いだったクラスメイトなどです。

これらはあくまで一例ですが、自分が辿ってきた「これいいな」「これ嫌だな」という価値基準になる元ネタが重なっているとき、同じものを好きになりやすい。

おそらく、ヒット作と呼ばれるコンテンツは、その元ネタが広くたくさんの人に共有されているものである場合が多いのです。みんなが好きだったものを、無意識に元ネタにしている。

そういう意味で、あなたが今好きなものは、昔あなたが好きだったものが元祖となって存在している可能性があります。そしてその元祖を共有することで「あ、私もこういうの好き！」という共感となって感動している。

つまり、今目の前で見ているものを「私もこれ好き」と共有する、その根っこには、同じようなものが好きだったという元ネタが存在している。その元ネタを見つけることもまた、感想の言語化につながります。

感想を言語化する3つの方法

「感想の言語化」とは、なぜその感想を抱いたのか、その原因を考える作業です。

原因を考えるとは、つまり、その元となる存在を言い当てること。今自分が覚えている感情の元ネタは、自分の場合どこにあるのかな？　と探す感覚で考えてみてください。

◎ポジティブな感情の言語化プロセス

（1）「共感」（既に自分が知っている体験／好みと似ている）。もしくは、「驚き」（今まで見たことのない意外性を感じる）のどちらなのかを考える

（2）「共感」の場合

①自分の体験との共通点を探す

②自分の好きなものとの共通点を探す

「驚き」の場合

③どこが新しいと感じるのか考える

ポジティブな感想を抱いた場合は、この（1）、（2）のプロセスを踏んでみてください。きっと、その感想を言語化できるようになってくるはずです。

もちろん、このプロセスがうまくできるようになるには、自分の知っている元ネタを増やすことが必要です。

本を読んでいれば読んでいるほど「あ、この小説はあの小説と似ているな」と思うことができるし、音楽を聴いていればいるほど「この曲はこういう点で新規性があるな」と理解することができます。あるいはライブだって、そのジャンルに詳しい人ほど「うわあ、こういうアイドルは見たことがなかった！」と意外性に気がつくことができるでしょう。**自分の知っている元ネタが多ければ多いほど、感想が言語化しやすくなる**のはこのためです。

一方で、初めてそのジャンルに触れることで、「なんだ！　この言語化できない感動は⁉」とドキドキすることもまた、確実に人生の楽しさのひとつです。

十代のときの感動が鮮やかなのは、おそらく言語化されていない感情がいっぱいあって、未知のものが多いがゆえに「驚き」の感動をたくさん抱くことができるからでしょう。

年齢を重ねるにつれ、感想が変わってくるのは、自分が持っている元ネタの量が変わってくるからです。だとすれば、年齢を重ねていない人も重ねている人も、今だからこそ味わえる方法で推しを楽しみたいものですよね。

悪口の言語化は、案外難しい

ネガティブな感想を持ったときの言語化

これまでは「ポジティブな感想を抱いた場合」の言語化のコツについて書いてきました。この応用編として、「ネガティブな感想を抱いた場合」の言語化のコツも説明しておきましょう。ネガティブな感想の言語化、それはたとえば「もやもやした違和感があった」とか「嫌だった」とか「なんか知らんが無理だった」とか、そういう類いのものです。

これは「ポジティブな感想の言語化」よりも意外と難しい。

嫌いな人の悪口でもそうじゃないですか？

誰かが悪口で盛り上がっている場で、他人の言っていることに同調するだけならすごく簡単ですが、「自分だけがマジで嫌だった原因」を孤独に言語化するのって難しい。他人の言葉にかぶせない、自分だけの違和感を言葉にするのは、けっこう困難なことなんですよ。

なぜなら、**自分のネガティブな感情は、自分のコンプレックスや自分のマイナスの体験につながっている**ことが多いから。

ポジティブな感想の言語化のときに「すべての好みには元ネタがある」と言いましたが、逆を言えば、「すべての悪口にも元ネタがある」のです。

つまり、ネガティブな感想を言語化することは、ネガティブな気持ちを抱いた元ネタを、自分の内側から引っ張りだす必要があるんですね。

ポジティブな感情を言語化する3つのポイント、覚えていますか？

①（共感の場合）自分の体験との共通点を探す
②（共感の場合）好きなものとの共通点を探す
③（驚きの場合）どこが新しいのかを考える

さて、これをネガティブな感情のバージョンに変えてみましょう。

①自分の（嫌な）体験との共通点を探す

②（自分が既に）嫌いなものとの共通点を探す

③どこがありきたりだったのかを考える

ネガティブな感想を抱いたときの言語化は、この3点を考えることです。

ネガティブな感想＝「不快 or 退屈」

まず、あなたが感じたネガティブな感情が、はっきりとした「不快」なのか、あるいは「退屈」だったのかを考えます。

「不快」とは、心がザワザワする、嫌な気持ちになる、気分が悪い、すごく胸が痛くなる……など際立った感情です。マイナスに振り切れた違和感のことですね。

一方で「退屈」とは、面白くなかった、よくある感じだった、なんだか刺激されなかっなど、際立ったものがないことへの失望です。

ポジティブな感想は「共感」か「驚き」に分類できますが、ネガティブな感想は「不快」か「退屈」に分類できます。なにか嫌なものがあったのか、なにもなくて退屈だったか。

まずは、その感情がどちらだったのかを考えてみてください。

不快の理由を探る

あなたの感想が「不快」＝なにか際立って嫌なものがあったとき。その感情を抱いた原因を考えてみましょう。やるべきは、次の2点に心当たりがないか考えることです。

①自分の（嫌な）体験との共通点を探す

②（自分が既に）嫌いなものとの共通点を探す

好みにも元ネタがあるように、嫌いなものにも元ネタがある。だって、なにもないところに「不快！」なんて感情は、突然湧き立ちませんから。**「なんかこれ、すごい心がざわつく、嫌だ〜！」ってわざわざ思うとき、そこにはなにかしらの原体験があるはずです。**

不快の理由がフィクションのキャラクターだったり、人のエピソードだったりしたら、現実の体験かもしれない。あるいは衣装の色だったり物語の結末だったりする場合は、既に知っているもので同じく嫌いなものがあるかもしれない。「うーん、自分ってこういうパターンが嫌いなのか」とぜひ嫌いなものの共通項を言語化してみてください。

ちなみに私の場合は、「世界と君のどちらを救うか決めろ!!」みたいな物語パターンがすごく苦手なんですよ。そういう選択肢がでてきた時点で「うげっ」てなってしまう。これにネガティブな感情を抱いてしまうのは、「主人公がわりといろんなことに無自覚であることが許されている」状況が苦手だからなんですね。

だって世界か君かのどちらかを選べだなんて、「世界」に含まれるいろいろな影響をしっかり理解しようとしていないように見える。そういう無自覚性みたいなものが許されている世界が……ああ苦手……と感じてしまうんです。

で、無自覚さが苦手、という共通項を考えると「あーあのキャラも私は無自覚さが苦手なんだ」と思い至ることがあり、そこからずるずると自分の現実での体験も思い出す……みたいなことをやります。

はい、面倒な作業でしょう。「嫌い」を言語化すること。

「好き」よりも「嫌い」を言語化するほうが、よっぽど困難な道のりなんですよ。

退屈の理由を探る

さて、ネガティブな感情が「退屈」だった場合。

つまり、どこの場面が嫌だとか、どのキャラクターが好きじゃないとか、あの衣装が嫌だとか、そういう際立った不快さが存在するわけじゃない場合。ただただ、意外性がなく、面白さを見出せずに退屈だった場合。

あなたは退屈の原因として「どこがありきたりだったのか」を考える必要があります。

そう、ここでも重要なのは具体的であること。**決して全体的に退屈だったという結論で終わらせるのではなく、どの要素がありきたりに思えたのかを考えましょう。**

物語であれば、キャラクターが凡庸なのか、ラストがいかにも予想の範疇だったのか、セリフが普通すぎたのか。あるいは、人であれば、どの要素が自分にとってありきたりだと思えるのか。

全体的になんとなく退屈、なんて誰にでも言えます。そうではなくて、一体どこが退屈なのか、その要素を洗いだしてみるんです。それによってあなたの感想はあなたにしか書けないものになります。

ポジティブな感情もネガティブな感情も、とにかく具体的に細分化すること。それがいい言語化の鍵になります。

一般論で語らない！

ネガティブな感想を書くうえでもっとも注意すべきなのは、決して一般論で考えないことです。あくまで「自分が」嫌な感情を覚える点について考えることに注力しましょう。

「みんなも」ここは嫌でしょう？　などと考え始めると、感想はドツボに陥るんですよね。

一般論じゃなくて、まずは自分の嫌だった点を深堀りする。

もし、不特定多数のみんなに向けた感想を書きたくても、その前に自分の感想を深掘りして言語化したうえで、第5章で説明するみんなに向けた加工をおこなうべきです。**決して みんなの言葉を代弁しようとせず、まずは自分の言葉をつくることに専念する。それが、いい感想への近道です。**

ポジティブな感想もネガティブな感想も同じように自分の感情を言語化することが重要ですが、とくにネガティブな感想は、みんななぜか一般論で考えようとしちゃうことが多い。たぶん、これを批判しているのは自分だけじゃないはず！　と考えたくなるからでしょう。群れから外れたくないという人間の本能なのかもしれません。

でも、ひとまず自分の感情を言語化したほうがいい。私はそう唱えることをやめません。なぜなら、自分の感情を言語化できていないと、みんなの感想との境目がわからなくなるからです。

みんなの感想と、自分の感想を混ぜないためにも、最初に自分の感想をメモしましょう。というわけで、ネガティブな感想の言語化プロセスは次の通りです。

◎ネガティブな感情の言語化プロセス

（1）「不快」（際立って嫌な感情を抱いている）。もしくは、
「退屈」（ありきたりでつまらないと感じる）のどちらなのかを考える

（2）「不快」の場合

① 自分の（嫌な）体験との共通点を探す

②（自分が既に）嫌いなものとの共通点を探す

「退屈」の場合

③ どこがありきたりなのか考える

メモは孤独に自由にとるのが一番楽しい

メモを残す範囲のルールを決めておく

さて、ここまでやってきた「心を動かされた要素の細分化➡感情とその原因を言語化」というプロセスをメモに残しましょう。

これが「感想の言語化の前に必要なプロセス」の3つ目です。

◎感想の言語化の前に必要なプロセス

①よかった箇所の具体例を挙げる

②感情を言語化する

③忘れないようにメモをする

ここで重要なのは、SNSで人の感想を見る前に書くこと。
最初は「SNSですぐ感想検索したいんですが⁉」と苦しくなるかもしれませんが、慣れれば意外といけます。ぜひやってみてください。

といっても、「SNSを見る前に、感情の理由まで全部メモするの⁉　面倒くせえ‼」と思われた人もいるかもしれません。たしかに全部メモするのはちょっとハードルが高いので、自分のなかでルールを決めておきましょう。たとえば、こんなふうに。

【具体例】

- ・感想を書きたい要素はすべてメモしておく
- ・感情を抱いた理由まで深掘りする要素はひとつにする

箇条書きで①の「よかった箇所の具体例」をがーっと書いておいて、書き終わったあとに自分のなかで「一番気になったのはこの部分だな〜、じゃあここはあとで深掘りしよう」と考えるのもいいですね。

または、「今回の舞台ひとつでファンレターを5回分書きたいから、最低5個は要素を挙げておいて、それぞれ深掘りするのはメモ段階ではなくて、ファンレターを書くときにしよう」でもいいですし。「この漫画についてブログで1記事書きたいから、深掘りするところはこのキャラクターについての感想だけでいいや」でもいいのです。

あなたの書きたい感想の分量に合わせて、どれくらいメモをするのか、決めてみてください。

非公開日記をつくろう

メモは「自分しか見られないところ」に書くのがイチオシです！

SNSをメモ代わりに使ってもいいのですが、それだと違和感などネガティブな感情を書くのがちょっと躊躇われますよね。それに、他人が見られるところだと言葉遣いをつい気にしてしまうし、さらにこの感想を他人が見たらどう思うかな……なんて考え始めると、自分だけの言葉がなかなか見つからなくなってしまう！

私は自分しか見ることのできない「非公開ブログ」を日記帳代わりにしているので、そこにがーっと感想をメモしています。もちろんスマホのメモアプリでもいいですし、手帳に書くのもいいですね。あとから見返せて、自分だけしか見られない場所に書きましょう。

まあ、そうはいっても感想をSNSに書きなぐって、同じオタク仲間と共有するのも楽しさのひとつ。そのあたりは自分の好きなバランスを見つけてみてください。個人的には、「自分しか見られないメモ」を1回書いてみるのがおすすめです。

推しについて、孤独に書いてみよう

言葉って、「自分にしか見えない言葉」と「他人に見せる言葉」では、かなり異なります。他人に見せる言葉は、無意識に「他人にいいと思われるようにした言葉」を使いがちなんですよね。現代の大SNS時代だと、なおさら。**「いいね」の数が見えて、誰にでも言葉が届くようなSNS空間は、無意識に他人の価値観に寄せた言葉を使ってしまう場所で**

す。それはもう、人間の生まれ持った素質です。責められることでもないし、むしろみんなの社会性ゆえでしょう。

でも、そういう場所で人と違う意見を書くことは、ちょっとだけ勇気を要します。自分の感想をメモするために、その勇気を使う必要なんてありません。だから自分にしか見えないところで、自分の感想を言語化するのが一番いいんです。それが一番ラクな方法。

そして他人に見せる言葉は、自分のメモからつくっていきましょう。その書き方はまた次章で説明します。

まずは孤独にメモをする。自分だけのメモをつくることが、あなたのオリジナルな感想を生みだします。ちなみに、メモは孤独に書くのが、一番自由で楽しいと私は思っています。

ただでさえ、他人と自分の価値観を無意識にすり合わせてしまうSNS時代。もちろんすり合わせてもいいんですが、やりすぎると、他人の感情と距離をとれなくなってしまいます。どこかで誰かに洗脳されても気づかなくなってしまう。その危険を避けるために、まずは自分の言葉をつくる必要がある。

推しについて自分だけの感想を書くことは、「自分の言葉をつくる」気軽なファーストステップです。

自分の感想が降り積もっていった先に、あなたのオリジナルな言葉がつくられます。それって、自由で、面白くて、なかなか楽しい世界じゃないでしょうか。

あなたのオリジナルの感想こそが、自分の揺るぎない推しへの信頼につながる。それこそが、また回り回って私たちの人生の価値観をつくりだす。

そうやって推しを楽しむことも、きっとできるはずです。

推しを孤独に書く（メモする）こと。

意外と、悪くないですよ！

第3章

推しの素晴らしさをしゃべる

相手との情報格差を埋める

推しを語るって、案外難しい

推しを語る機会。

たとえばX（旧Twitter）でライブの感想を書き散らすことだったり、あるいはファミレスで終わったばかりの観劇について友だちと語り合うことだったり、もしくはなにも知らない家族に今日見た映画の感想をとにかくしゃべりたくなることだったり。

推しを語りたい機会、ありますよね。

ちなみに私もあります。**素敵なものを見たあとは、「ああ〜この感動を言語化したい〜」と無性に誰かに話しかけたくなります。**もちろん感想を言いたくて。

しかし……推しについて話すのって、けっこう難しいんですよね。

同じジャンルを好きな人に「ねえねえ、あれよかったよね」と言うにしても。はたして自分の意見に同調してくれるのか、うっかり相手が嫌だと思う意見を言っていないか、気を遣ってしまう。自分の好きなことばかりしゃべっていたら、相手が退屈してないかな？と気になり始める。

まったく推しを知らない人に「推しのよさを知ってほしい！」「どうにか布教したい！」と願いながら話しても、結局ニッチすぎる専門用語を使ってしまって、どうにも魅力が伝わっていなさそうだぞ……と察して終わってしまったり。そもそも「え、その人のどこが好きなの？　好みのタイプってこと？」と言われて、「そういうことじゃないんだ〜！」と頭を抱えたり。

同じような好みの人に話すときも、そうじゃないときも推しを語ることって、じつは難しい。それでも、推しを語りたいときはある。私たち、好きなものを愛でて生きているんです。好きなものを他人と共有したり、あるいはその気持ちを言葉にして残したくなるんです。

言葉は、自分の好きな感情、好きな景色、好きな存在がいつかなくなってしまうとしても、いつでも取りだして愛でることができるように、保存するためのものです。あなたの感情を保存しておけるのは、あなたの語る言葉だけなのです。

……というわけで、軽率に、気軽に、推しを語ろう！

本章では、推しを語る方法について書いていきます。

「推し」の知名度をまずは把握しよう

「推しを語る」とひとことで言っても、さまざまな手段があります。

友達と語り合うこと。配信などで見知らぬ人に向かって発信すること。SNSで短文を書くこと。方法はいろいろありますね。

ここでは、「誰かに向かってしゃべる」方法について考えてみます。友達、家族、知り合い、パートナーなどなど、さまざまな友人知人に推しのよさについて「しゃべる」コツ。

それは、まず相手がどれくらい自分の推しについて知っているのか、そしてどう思って

いるのかを把握すること。なにはともあれ、そこから始まります。

相手はどの程度、推しの存在を知っているのか？　テレビで見たことのある程度？　名前すらまったく聞いたことがない？　なんらかのイメージを持っているのか？

また、もし同じ推しが好きな人だったら、どれくらいの熱量で好きなのか？　自分と同じくらい好きなのか？　どんなふうに推しを見ているんだろう？　どんなスタンスで好きなんだろう？　など、まずは話をする相手について知ることが大切です。

相手との距離を知る

そもそも「発信」とは、自分と相手との距離をつかむことから始まります。

これは、推しについて語る機会だけに限りません。面接だろうと、プレゼンだろうと、YouTubeだろうと、講演だろうと、すべて同じです。

なんらかの情報を、誰かに手渡そうとすること。つまりは**「発信」——それらはすべて、相手との距離をつかむところから始まります。**

相手との距離とはなにか。

それは「自分と相手はどれくらい遠い場所にいるのか？」ということです。

誤解しないでほしいのですが、ここでいう「距離」とは、関係性のことではなく、「発信する内容についての事前の情報量の差異」のことです。


抽象的な言い方で、伝わりづらいかもしれません。具体的に書きましょう。

たとえば、好きなご飯屋さんについて話したいとします。

私はパクチーが好きなので、〝パクチーを使ったエスニックのおいしいタイ料理店〟について話したいとき、まずは相手との「距離」を測ります。

①相手がパクチー嫌いの友人の場合

普通に「パクチーがおいしいタイ料理店があってさぁ」なんて始めても、「えー、私パクチー嫌い！　あんなのどこがおいしいの」と言われる可能性が高いです。

でも、あなたが事前に、友人はパクチー嫌いだと認識しておけば、「ねえねえ、たしかパクチー嫌いだと思うんだけどさぁ。私パクチー好きじゃん？　で、こないだ感動するお店見つけたのよ。いや、きみは行かないと思うけどさぁ！」と前置きをつくって話しかけることができます。こっちの導入のほうが、相手にとって聞きやすいと思いませんか？

たとえ相手が嫌いなものについての話でも、「私はあなたが嫌いだとわかっているけど、いったん話させて」というスタンスから始めたほうが、聞いてもらいやすくなるのです。

②相手がパクチーなんて食べたことのない海外出身の友人の場合

「いつ頃からかなあ、日本の若い人にパクチーが流行った時期があって、それ以来日本ってパクチー料理がけっこうお店にでてくるのね。で、こないだ行ったタイ料理屋がすごくよくて」と、前提知識を共有しておいてから話すのが無難です。つまり、パクチーについての事前情報を相手に伝えたあとで本題に入りましょう。

③相手が自分よりもパクチーが好きな友人の場合

「ねえねえ、●●ちゃんもパクチー好きだったよね？　あのさあ、このお店知ってる？」

と相手に情報を持ちかける形でしゃべりかけるのが、速い。

もちろんこのような使いわけは、皆さんも日常生活で無意識に行っていることでしょう。これと同じことを、プレゼンや発信や推しについてしゃべるときも、やるべきなんです。発信は、この使いわけが重要。

そう、まず把握すべきは、伝えようとする情報に対する相手のスタンスです。

相手が自分と違って**「その情報についてどのくらい知っているのか」「その情報についてどのような印象を抱いているのか」という2点を把握しておくこと。**それがすべての発信におけるポイントなのです。

情報の差異に価値がある

重要なのが、「距離」つまり、「自分と相手との差異はどの程度か?」を把握しようと心がけること。ただ「相手の情報」を把握するのではなく。「自分の情報との差異」が重要です。なぜかというと、伝えることは、自分と相手にある情報格差を埋めることにほかならないから。

……当たり前ですよね。だって、自分と相手の持っている情報がまったく同じだったら、なにかを伝える必要なんてありません。

でもこれ、大切なことなんですよ。**あなたの発信に価値があるのは、誰かとあなたの間に「知らない情報」が存在するからです。**

情報というと無機質なイメージかもしれませんが、単純に感想とか、おなかがすいたとか、眠いとか、なんでもいいんです。相手はあなたがおなかがすいたことを知らないから、それは情報格差になる。そして相手が、あなたがおなかがすいたことを、どのくらい知りたいか。それこそが、相手の情報に対するスタンスです。

推しについて語りたいならば、相手が「自分と比較して」どの程度推しを知らないのか。あるいは、相手が「自分と比較して」推しについて、どんな感情を抱いているのか。それらを把握しましょう。

まずは推しに関する「前提」を伝える

・推しについて、どのくらい知っているのか
・推しについて、どのような印象を抱いているのか

この2点の相手の状況を把握したら、次にすべきは「自分との情報格差を埋めること」ですね。情報格差を埋めるって、なに？　と思われるかもしれませんが、ひとつひとつ説明していきます。

あなたがなにか「伝えたいこと」を持っているとき。それをちゃんと相手に伝えたい、と思うならば、左の2段階のプロセスを踏みます。

①自分と相手の情報格差を埋める
②自分の伝えたいことを伝える

本来あなたの「伝えたいこと」がありますよね。

たとえば、「推しのアイドルのライブが最高だった！」ことを伝えたいとしましょう。それを伝えたい相手が、自分の推しのアイドルについてはそんなに知らない人だった場合に、どうすればライブの素晴らしさが伝わるのか？

ここで重要なのは、

フェーズ①：相手に「そもそも推しはどういう経歴で、どういう人なのか、いつもどんなライブをやっているのか」を伝える

フェーズ②：相手に「今日のライブのどこが（いつもと違って）最高だったのか」を伝える

という2フェーズにわけてしゃべることです。

①のフェーズをすっ飛ばすと、相手は「なんのこっちゃ」とぽかんとする……という失敗につながってしまいます。

もちろん①を説明せずに、いきなり②をぶつけるドライブ感——つまり、あなたの語りの勢いのよさも、言葉の魅力にはなり得るでしょう。俗に言う「オタクの早口口調が面白い」って、結局は①のフェーズを無視するからこそ、「おいおい、前提なにもしゃべらずにいきなり②にいくのかよ！」という常識外れのよさがあるわけです。

……が、それが面白くなるには、②の語りの切れ味がかなり鋭くないといけません。あるいは、①を飛ばして②だけで通用するほど、自分と相手との情報格差がない状態であればいい。

しかし大抵の場合には、自分と相手には情報格差があります。そういう場合は、「①をまずは伝えるのだ！」という意識を持つべきです。

イメージとしては、次ページの図のように、「相手の情報量を自分の情報量の場所まで引っ張り上げて、そのうえで伝えたいところまで連れて行く」という感じです。

まず自分と相手の間に、溝があることに気づきましょう。

大抵の場合、見てきたコンテンツも重ねてきた経験も異なります。その相手に、どこまで自分の伝えたいことをわかってもらうか。それこそが、あなたがやろうとしていることなのです。

伝えたいことを伝えるための手順

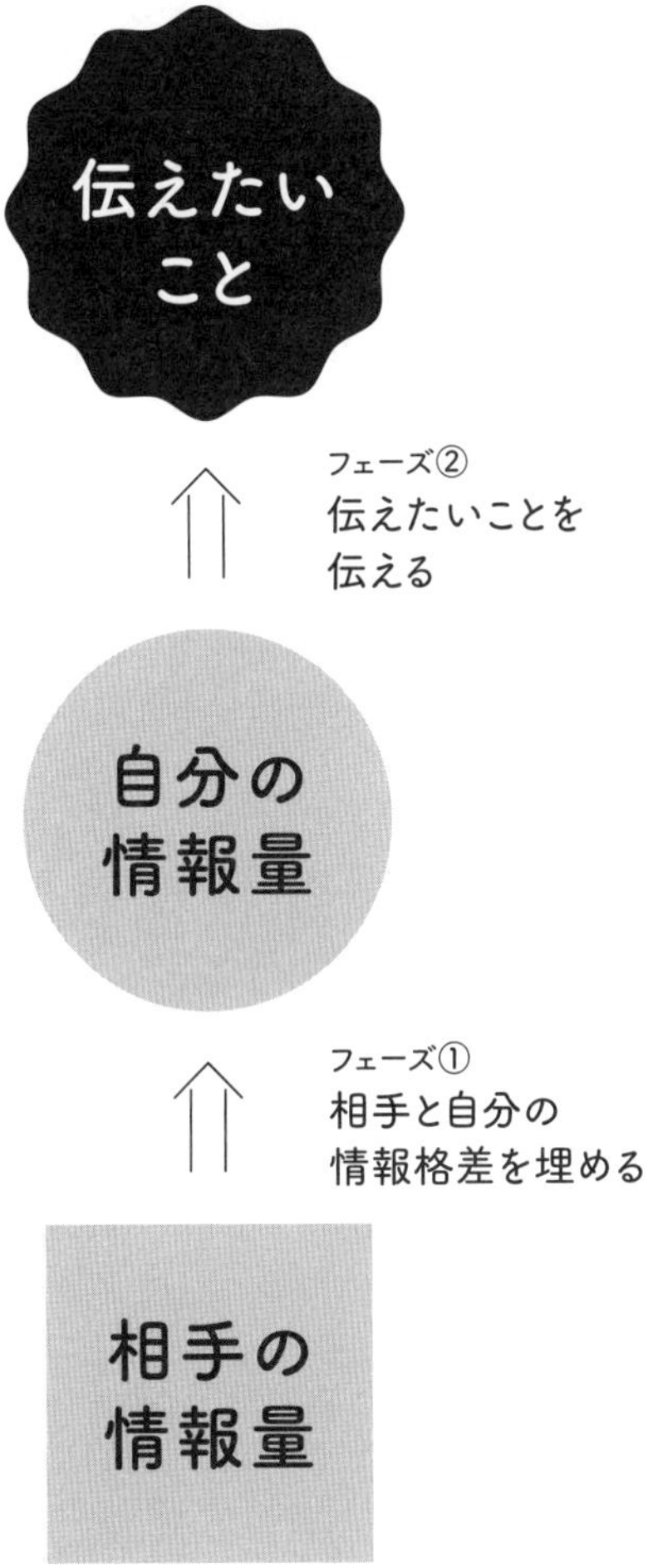

情報格差を埋める3つのパターン

さて、「フェーズ①の情報格差を埋める」ときにやるべきことは、いろいろあります。ここでは、3パターン挙げてみましょう。

①「相手の知らない情報を補足」パターン

自分と相手の間で、推しに関する情報量が異なっているとき。推しに関する基礎情報や、自分がしゃべりたいことについての補足情報が必要になるパターンです。

【具体例】

・「そもそも宝塚歌劇団っていうのは、トップ娘役がいてね」
・「私はヤクルトスワローズを応援しているんだけど、どこを拠点にした球団かというと……」
・「こないだ見た映画のあらすじをかいつまんで説明すると」

ここで注意すべきは、どこまで細かく情報を伝えるか、という点。

情報格差を埋めるフェーズ①の情報量が多すぎると、相手はそれだけで疲弊してしまい、本当に伝えたいフェーズ②まで辿り着きません。だって、興味のない映画のあらすじをずっと紹介されても「そ、そんな映画があったんだね？」と苦笑されるだけで終わってしまいます。

しかし、基礎情報が少なすぎても、フェーズ②でなにを言っているのか、よくわからなくなる。どのくらいの情報を伝えるか、その塩梅はとても難しいのです。

では、どうするか。

フェーズ②で伝えたいことをわかってもらうために必要な情報だけをフェーズ①で伝えることに注力しましょう。

つまり、フェーズ②の説明をわかってもらうためには、フェーズ①でなにを知っておいてもらうべきなんだろうか？　と逆算するのです。

たとえば、アニメ映画のラストシーンの展開のすごさについて語りたいなら、映画のあらすじは説明すべきだけど、声優については言及しなくていいな、とか。推しのミュージシャンの最新曲についてしゃべりたいから、とりあえず一番有名な曲の名前だけ挙げることで「あー、あのグループか」と思い当たってもらおうかな、とか。

逆算して情報の取捨選択をする。これが補足情報や基礎知識を説明するときのコツです。

②「相手の興味ある枠に合わせた譲歩」パターン

相手の「知りたい」「わかりたい」「興味がある」枠に、自分の伝えたいものを入れてみる方法もあります。

【具体例】

・ダンスのうまいK-POPアイドルが好きな友人に「日本にもすごい踊れて歌えるアイドルがいるんだよ、ほら見て」と紹介してみる
・野球が好きな友人に「ずっと阪神タイガースファンだった芸人さんが、最近この試合を見て、はじめてサッカーにはまったってYouTubeで言ってたの!」と導入する
・中学校の教師をしている友人に「今10代にすごい人気の声優がいるんだけど、知ってる?」と聞いてみる

相手の興味に合わせた導入になると、自分の伝えたいことにも興味を持ってもらいやすい。

これは「譲歩」――相手に合わせてこちらが一歩歩み寄る方法です。うまくいけば、相手がまったく興味のなかったジャンルにも関心を寄せてもらえるので、私はよく使います。

譲歩のパターンを使う際も、結局は「相手がどんなことに興味を持っているのか」「どこに興味を持っていないのか」という自分とのスタンスの違い、つまりは自分と相手の間にある情報格差の程度をわかっておくべきです。

③「相手の興味のなさに言及」パターン

これは、まったく相手が推しに興味なさそう、全然こっちを向いてなさそうだ！　と思うときに使う手段。推しについて興味のない友人にしゃべるとき、あるいは講演会やセミナーなど見知らぬ人々の前で話すときにおすすめです。

【具体例】

・「あなたは全然興味ないと思うんだけど、とある声優に突然はまっちゃってさぁ」
・「皆さん、会社の研修とはいえ突然こんな話を聞かされて、眠いと思うんですが……ちょっとしゃべらせてくださいね」
・「あなたがまったく触れたことがないであろうジャンルについて、これから話しますが」

とにかく「あなたが興味ないことはわかっていますよ～」というサインを最初にだしましょう。人間、興味のない話だったとしても、案外目の前の人が「興味ないってわかっているけど、まあ聞いてよ」と語りかけてきたら聞いちゃうもんです。

なによりも「あなたのことに、私は興味がありますよ」という意志を伝えることが重要です。あなたに興味があるからこそ、このジャンルにあなたが興味を持っていないことがわかるんだよ。そんな気持ちを少しだすだけで、聞く耳を持つ気になるものです。

まあ、もちろんそんなクッションを挟んだところで、聞いてもらえないときは聞いてもらえないんですけどね。それでも、やるとやらないでは大違いです。

聞き手との溝を想像するクセをつける

ちなみに、「相手との情報格差を把握する」クセを身につけると、発信全般、なんにでも応用がききます。

つまりは「聞いている相手」について想像するクセをつけるんです！

見ず知らずの人との面接でも、「面接官くらいの年齢・性別・職業の人が、知りたいことや、知らないことってなにかな～」「この面接官に興味を持ってもらえそうな情報ってどれかな～」と考えることができます。たとえば、エンタメ系の職種の就職面接で「今若者の間ではこれが流行っています。なぜかというと」と若者らしさを活かしたあなただけの分析を伝えられたら、ちょっとは面白いと思ってもらえそうじゃないですか？

もしくは、プレゼンの際も「今回のメンバーだったら、どの情報を端折ってもいいのかな」「導入はどんな話にしようかな」と考えることができますよね。だらだら長いプレゼンって嫌われることが多いですが、どこを短縮すればいいのかは、相手の顔と情報量を思い浮かべることでわかってくるかもしれません。

すべての発信に、聞き手がいます。

会話のキャッチボールを交わすことができない場、つまりどちらかが一方的に話す場においては、とくに聞き手の感想がわかりづらい。だからこそ自分と聞き手の間に、果たして、どんな深さの溝が存在するのか。常に想像することが大切です！

注釈をつけて語ろう！

専門用語はできるだけ説明する

・推しについて、どのくらい知っているのか
・推しについて、どのような印象を抱いているのか

相手のこの2点を把握して、それに合わせて発信を変えること――それが情報の格差を埋めるフェーズ①においては重要でした。それでは、フェーズ②の伝えたいことを相手に伝える段階では、なにが必要になるのでしょう？

まずは、「伝えたいジャンルについて、あまり理解していなさそうな人」にしゃべるときのコツを紹介します。

それは……専門用語をできるだけいちいち説明すること。
つまり、しゃべっているときに、「注釈」をちゃんとつけることが大切なんです。

本を読んでいると、たまに「注釈」がつけられていることがありますよね？　わかりづらい単語について「※これはこういう意味です」という説明が付されている。

しゃべっているときも、「注釈」をつけようとする姿勢って、すごく重要なんですよ。

例を挙げると、「推し」という言葉は今でこそ多くの人に伝わる言葉になりましたが、一方で「担当」という言葉は、どういう意味か一瞬でわからない人もまだまだ存在します。だとすれば「私、○○くんの担当なんですけど」と言いたいところをぐっと抑えて、「私、○○くんのファンなんですけど」と伝えたほうが、相手のストレス度が低く、聞いてもらいやすくなります。

フェーズ①で述べたように、できるだけ相手の情報量を把握しておく。そのうえで、**相手が一瞬で理解できないような単語を使うのは控え、別の言葉に置き換える。**

先ほどの例でいうと「担当」という言葉に「※つまり、ファンのこと」と注釈をつけるつもりで、ぜひ言い換えてみてください。

私たちがニッチな専門用語を使いたくなる理由

けれども、「担当」という言葉でしか伝わらないニュアンスがあるんじゃ！　ファンなんて言い換えたくないんじゃゃ！　という気持ちになる人がいるのも当然です。気持ちはわかります。私も本当はそう思います。

それに、じつを言うと「注釈」をつけないほうが、伝わる速度は上がるんですよね。たとえばX(旧Twitter)を見ていても、オタク仲間でしか伝わらない用語をたくさん使ったツイートのほうが読まれやすい。読む側＝そのジャンルのオタクコミュニティ内に存在する人も、自分たちと同じような言葉遣いをしているツイートやブログのほうが拡散しやすいからです。

これは十代の子たちが、自分たちにしかわからない言葉をつくりだすのと同じ原理です。

若者間で流行った言葉って、おじさんおばさんが使い始めると、もう若者のなかでは使われていない、なんてジョークを聞いたことがあるでしょう。あれです。

なぜ、そういった言葉が生まれるのでしょう？　そもそも、どうして私たちは、仲間内にしか伝わらない言葉を生みだすのか？


その答えは、仲間にしか伝わらない言葉を使ったほうが、仲間内では伝わる情報量が多いし、速く伝わるからです。さらに、仲間であることを確認できたら、いろいろな言葉に気を遣わなくてもいい。仲間内でしか通じない言葉は、「あなたと私の情報量はだいたい同じくらいですよね」という確認を内包しています。

他人と自分の情報量の差異を把握しよう、と先ほど書きましたが、もし情報を伝えたい相手が仲間内でしか通じない言葉を使っていれば、少なくともその言葉を知っているぐらい、あなたと相手の情報量が同じであることがわかりますよね。

同じコードの言葉を使うことで、情報量を確認し合っている。だからこそ私たちは常に流行語を生みだすのです。

逆に「流行りの言葉を使わない、丁寧な言葉だけを使う」シチュエーションを思い浮かべてもらうと、この話は伝わりやすいかもしれません。

会社の部長にSNSで流行っている言葉を使おうとは思いませんよね？　それは部長を「SNS仲間」だとみなしていないから。でも、会社で使われる用語は部長に使いますよね。それは「会社仲間」だとみなしているからです。

注釈をつけない言葉のほうが伝達速度は速い。――つまり、注釈をつけない言葉が通じるくらい「仲間＝情報量が同じ他人」だから。先ほど説明したフェーズ①の情報の補足や譲歩が必要ない関係性なんですね。

SNSやインターネットで「スラング」つまり「仲間内でしか通じない言葉」が生まれやすいのも、この原理をみんなが共有しているからです。

俺とお前の間に、説明なんていらない、仲間だよな？　同じ言語を使っている同志だよな？　そんな暗黙の了解をとるために、私たちはスラングを使い続けるんです。

「布教」する意味って、ある？

でも、スラングが通じない、仲間ではない人になにかを伝えたいならば、たとえ伝達速度が遅くなったとしても、少しまどろっこしく感じたとしても、注釈をつける必要があります。そのほうが、ちゃんと伝わるから。

たとえばラテン語で書かれた古典文学を刊行するとき。ラテン語を読める人なら、注釈をつけなくていいんですが、大抵の読者はラテン語が読めないから注釈をつけます。それって、まどろっこしいけど、優しさですよね。

ぜひ、ひとつひとつの単語に対して「相手にこの言葉は通じるかな？」と想像するクセをつけてみてください。そうやって、他人に対する想像力は磨かれてゆくのです。

……と、きれいにまとめたところですが。

いや、こんなに面倒なら、自分の推しをよく知らない人に語ろう、なんて思わないよ！

言葉ひとつ気をつけなきゃいけないなんて、推しを語る意味あるのかよ！　と、今ごろあなたは本を投げ捨てたくなっているかもしれません……。

いや、本当にそうなんですよ。ぶっちゃけ「推しをよく知る仲間内」でしゃべる時間ほど楽しいことはない。ライブ終わりに友人としゃべるのも、観劇したあとにX（旧Twitter）で感想を連投するのも楽しい。がんがんスラングを使って、超速球の会話をする。きっと皆さんも同じように、仲間内でスラングを使いながら楽しんでいらっしゃることでしょう。

しかし、推しについて、推しを知らない人にしゃべる。これほど労力が必要になることはありません。

そもそも推しという言葉が、推しがいない人には伝わりづらい。

「え？　恋愛の相手として好きなの？」なんて言われた日には、「そうじゃないんだけど、なんでわかってくれないんだぁ！」と八つ当たりしそうになってしまいます。「推しは推しだろ！」と言いたいところをぐっとこらえる、しかないのかもしれない。推しすらわかってもらえない相手に、なにを伝えることがあるというのか、と絶望する日もあるかもしれません。

それでも私は、推しについて語りたい。そう願うのは、ほかならぬ私もまた、誰かに推しを教えてもらったひとりだからです。

たとえば本や漫画や宝塚やアイドルやその他さまざまな、今の自分が好きなものを考えてみると、どのジャンルにおいても、知らない誰かがインターネットや本のなかで語っていた言葉が思い出されるのです。

昔読んだ、どこかのお姉さんが好きな本について書いていたブログ。漫画の批評を面白く書いた専門書。たまたま目にした宝塚の贔屓について永遠に語り続けるX（旧Twitter）のアカウント。興味がなかったアイドルグループの魅力に気づかせてくれた友人の発言。そのどれもが、推しに興味のなかった私を振り向かせるほど、魅力的な言葉たちでした。

どんなに推しが好きな人でも、その推しを知らない時期が必ずあったわけですよね、恐ろしいことですが。だからこそ、**いつか推しに興味を持ってもらえるかもしれない、そのひとりがどこかにいるかもしれない、そう考える私は推しについて門外漢の人にも語りかけたい。**

意外と私たちは、広い世界に立っている。だからこそ、この世界にいる誰かに、伝えたくなるんですよね。こんなに素晴らしいものがこの世にあるよ、と。

その願いを遂行するためには、割と工夫が必要になってくるんです。

音声発信メディアで推しを語るコツ

すぐに言葉がでない人はメモを残す

さて、肝心の「自分が伝えたいこと」については、前章の自分だけのメモを参考にしてみてください。

言語化がうまくいかないときは、とにかく細分化して具体的に考える。悪かったところを言いたいときには、自分に引きつけて考える。

しゃべる段階での言語化とメモする段階での言語化に、そこまで違いはありません。自分でメモした言語が自分のなかに溜まっていけば、誰かと話しているときも、自然と言葉がでてくるはずです。日ごろからメモなり日記なりＳＮＳなりに自分の感想を残しておくと、人と話しているときも言葉がでてきやすくなります。

人と話しているときに言葉がうまくでてこない！　と悩んでいる人は、ぜひ自分だけの時間をつくってメモを残して、孤独に自分の言葉をつくることを試してみてください。

他人と話していると、どうしても他人の言葉に引っ張られてしまうんですよね。それがむしろ会話の面白さでもある――自分の言葉と他人の言葉が重なって、自分だけだと考えもしない着地点が見つかるところが、会話の魅力でもあります。

ただ、事前に自分自身の言葉がちゃんとあったほうが、他人との会話を楽しむことができるのも本当です。

まずは自分だけの言葉をつくる。

そしてその言葉を、他人との会話で取りだせるようにする。それが「自分だけのしゃべり」につながるはずです。

不特定多数への音声発信は「強調」が必要

最近はPodcastで発信する人も増えていて、音声だけで不特定多数の人に推しについて発信したいんだ！　と思われている人もいるかもしれません。

そんな発信のときにしゃべるコツ――会話のキャッチボールではなく、不特定多数に対して、ひとりでしゃべるときのコツについては、これです。

「ここを聞いてください」というポイントの強調。

ひとりでただしゃべっていると、だんだん自分でも不安になってくるんですよね。これ、面白いのかな？　これ、ちゃんと聴いてもらえているのかな？　客席の人が退屈そうにしているなら、なおさら不安になります。

そんなときに役立つのが、自分で緩急をつくりだすこと。

たとえば中高時代、先生の授業を聴いていたときのことを思い出してみてください。どの教科でもいいですが、高校くらいになると、だいたいの学校ではひとつの授業時間が1時間弱ありましたよね。1時間弱、先生ひとりでしゃべり続けるって案外大変です。今思うと、高校の先生のしゃべりの技術は、すごい。

しかし残酷な話ですが、授業を思い出すと、やっぱり面白い授業と面白くない授業、そして、わかりやすい授業とわかりづらい授業にわかれていたものです。


さて、その差はどこにあるのでしょう？

それは、どこがポイントか、はっきり言ってくれるかどうかです。

話のうまい先生は、おしなべて緩急をつけるのがうまい。生徒が多少眠くとも「ああ、ここを覚えとけばいいのか」「えっ、そういう解き方するの？」と興味をそそられるのは、先生が1時間しゃべっているなかで「ここだけは聞いとけよ」というポイントを言葉に潜ませているからです。

それは1時間にひとつ、といったレベルの話ではありません。3、4分に1回くらいでしょうか。緩急を細かくつくって、ここを聞け！　という念が生徒に伝わってくるのが、いい先生のしゃべり方です。

私たちも、とにかく「ここを聞け！」という念を込めた箇所をつくりだす——それが緩急、すなわち聴いている人に興味を持続してもらえるしゃべりになります。

「どこへ連れて行きたいか」をわかっておく

私はプレゼンや講演といった、不特定多数の人に向けてしゃべるときがたまにあります。そこであれこれ失敗したうえでわかったのが……、一番よくないのは「聴衆をどこへ連れて行きたいかがわかっていないとき」なんだ、ということでした。

「どこへ連れて行きたいか」とは、単純に「この結論をわかってもらおう」「ここを覚えてもらおう」といった、しゃべりの終着点のことです。さらには「今笑って聴いていてほしい」「ここは『なるほどね』と納得してほしい」といった、反応を予測する力のことでもあります。

感情であれ情報であれ、「聴いている人がどうなってほしいのか」を、語り手が把握できていることが重要なんです。

じゃないと、ひとりでしゃべっている側が照れてしまうんですよ！　不特定多数の人に向けてしゃべることって、ただでさえ恥ずかしい。「あれ？　今、自分はなにをしているんだ？」と我に返ったら、もう終わり。なにを伝えたいのか、よくわからなくなってくる。

だからこそ、ちゃんと照れないように、聴き手の気持ちを引きつけることができるように、自分が聞き手をどこへ連れて行きたいのかをわかっておきましょう。

ちなみに第5章で詳しく書きますが、長い文章を書くときも同じです。読み手を最終的にどこへ連れて行きたいのか、文章を読み終わったあとにどうなってもらいたいのか、把握しておくことが大切です。

なんだかんだ、結局は「慣れ」が肝心

もうひとつ、私が音声発信するうえで重要だと感じるのは、「慣れ」が一番効くんだ！ということです。

最初からうまくしゃべれる人なんてじつはいなくて、経験を積むうちにどんどん洗練されていくんだな……とさまざまな人のしゃべりを聞いていて感じます。

人によって発信を楽しく感じるかどうか、その差異はもちろんありますが、それでもまずは「慣れ」が一番重要なコツ。

SNSも同様ですよね。最初は虚空に向かって自分の思ったことをつぶやいたり、アップロードしたりするなんて、どうしていいのかよくわからなかった。けれども、見よう見まねで、ほかの人と同じように使っているうちに、生活の一部になっていく。慣れるうちに、自分なりの使い方がわかってくる。それと同じで、試行錯誤を繰り返すうちに、しゃべることも慣れてくるはずです。

なかなか言葉がでてこなかったり、なにを話したらいいのかわからなかったり、最初は慣れないことも多いでしょう。でも、発信していくうちに、ちょっとずつ慣れて、楽しくなるはずです！

第4章

推しの素晴らしさをＳＮＳで発信する

みんなの空気から自分の言葉を守る

SNS発信のコツは「自衛」のみ

前章では推しについて「しゃべる」ことについて書いてきましたが、本章では「短文を中心としたSNSで書く」コツについて紹介します。ブログやnoteなど「長文で記事を書く」コツについては、次章でお伝えしますね。

基本的に、短文を中心としたSNSで推しについて書くコツについては、「自衛する」ことに尽きます。

……自衛ってなんじゃそりゃ、と思われたかもしれません。でも、実際、そうなんですよ。X（旧Twitter）でも、Instagramでも同じです。とにかく重要なのは「自衛する」ことなんです。

たとえば、しゃべるときと同じように、SNSで推しの魅力について書いてみるとしましょう。

まずは第2章でつくったメモをもとに、自分の言葉を使ってSNSに書こうとする。

……すると、自分と同じすぎる意見がSNSにアップされている。じゃあもう、私がSNSにわざわざ書き込まなくてもいいんじゃない？　と思えてきて、書くのをやめてしまう。そんな経験はないでしょうか？

あるいは、推しのコンサートを見て、自分がグッときたポイントについて書こうとしたら、既に自分のフォロワーが同じ意見を書いていた、なんてこともあるでしょう。また、推しが出演した番組について苦言を書こうと思ったら、「せっかく推しを起用してくれた番組に、マイナスなことは言わないほうがいいよ」なんて意見を目にしてしまうこともあるかもしれません。

それでも、自分の意見は自分の意見として、書いておくべきなんです。

推しと自分の間に、他人を介在させない

他人の言葉と被るから自分の言葉を引っ込める。

他人に規制されるから自分の言葉を引っ込める。

他人に影響されることで自分の言葉を引っ込める。

他人の存在によって、自分が語ろうとする「推しについて」の言葉を止める。

SNS空間では（たぶん私たちの実感以上に）たくさんの人の言葉が目についてしまいます。だから、あらかじめ他人の反応を予測して、自分の言葉を手放してしまいたくなることもある。


でも、考えてみてください。

「他人の感情」って、「推し」と「自分」との間で、なんの関係もないですよね⁉

ここで言う「他人の感情」とは、自分と同じものを好きなファンの言葉だったり、世間の声だったりしますが……自分と推しとの関係に他人の感情を入り込ませる必要、なくないですか？

むしろ他人の影響で、推しに対して培ってきた自分の言葉が崩れるのは、もったいないです。

他人に見せるために推しを好きなわけじゃないですよね？

ＳＮＳで推しのことを発信するのは、ほかならない推し、あるいは自分のためですよね。これ推しの魅力を伝えたい、推しのよさを記録したい、推しの面白さをわかってほしい。これらの欲望の間には、推しと自分しかいないはず。他人を介在させる必要なんてない。

だから、他人の言葉に自分が影響されないように。大量に流れてくる他人の言葉の渦から、自分の言葉を守ること。それがＳＮＳのコツなんです。

みんなと違う意見だとわかったうえで書く

ＳＮＳを見ていると「空気」としか言いようのないものが渦巻いていることはよくわかります。まるで学校の教室のように、なんとなくみんなの反応って定まってくるんですよね。これはいいけど、これは悪い。そんな他人の言葉がつくりあげる空気や雰囲気がある。

でも、あえて空気を読まないことで、自分の言葉は自分で守りましょう。空気を読まずに発言せよ、という意味ではありません。むしろ空気に対して自覚的であれ、ということです。

たとえば推しのアイドルグループのコンサートがあったとします。みんなはすごく演出がよかった、泣けた、と言っているけれど、私はなんだかありきたりな、いつも通りのセットリストだと感じた。もっと冒険してほしかったなぁ、と思った。SNS上のみんなは、コンサートがよかったという空気を漂わせている。でも、自分は違う感想を持っている。

そんなときに重要なのは、「みんなと自分は違う感想を持っているんだ」と理解することです。みんなの空気と、自分の意見は違う。そのことに自覚的になる。そして、感想をSNSにあげるときも「今回のコンサート、よかったって感想をたくさん見るけど、私はもう少し冒険してほしかった！」などと投稿してみましょう。

ここで「今回のコンサート、よかったって感想見るけど」という一文を加えるだけで、「よかった」と思っている人にとっても読みやすい感想になります。なぜなら「あ、この人は自分と違う意見なんだな」と心の準備ができるから。

受け取る側も、自分の意見をわかってくれたうえで、それでもなお違う意見を述べているんだ、と理解できれば、案外聞いてもらえるものです。これは本当なんですよ。ぜひ試してみてください。


もちろん「みんなの意見とは違うけど」という一文を入れずに発信してもいいんですが、入れたほうが読んでもらいやすい。なにより、自分もみんなと違う意見を書くんだ、という覚悟ができますよね。


みんなと違う意見を表明するのは、怖い。

アイドルのコンサートの感想でさえも。怖いのは、よくわかります。

でも、ちょっとだけ勇気をだしてみんなと違う意見を書いておくことは、自分と推しにとって重要なことなんです。

「推し」への言葉は、自分の想いを見失わない鍵

怖い思いをしてまで、推しについて自分の意見をSNSで表明する理由って、なに？と首を傾げられるかもしれません。

勇気をだしてまで、推しについて書かなくてもよくない？

もちろん、SNSに必ず書く必要はありません。日記やメモに書いて、自分ひとりのなかに留めておくだけでもいいのです。

どんなものに書くとしても、本当に大好きな推しがいるなら、推しについての自分だけの言葉を持っておくことは、すごくすごく重要なことです。

なぜなら自分の揺るぎない言葉を持つことは、きっとあなたの「推し」――つまり好きな存在を好きでいることへの信頼につながるからです。

ちょっと個人的な話をさせてください。私の場合、宝塚のあるトップ娘役さんが大好きだったんですが、ある日その人が退団してしまうことが決まり、悲しみに暮れていました。

でも、その人の好きなところ――私はとにかく彼女の踊っている姿が大好きでした――をＳＮＳやブログに書いているうちに、「あんなに美しく踊っている姿を私に見せてくれたことに感謝すべきだよな……退団を悲しんでいる場合ではないよな」と思えて、なんだか立ち直ってきたんですよ。

これは私の一例にすぎませんが、推しっていろんなことがあるじゃないですか。私が経験したように、退団や卒業がいきなりやってくることがある。スキャンダルを起こしてしまうこともあるかもしれない。世間をざわつかせる騒ぎを起こすことがあるかもしれません（縁起でもないですが）。

そんなとき、世間や他人の声に惑わされず、自分の推しに対する想いを言葉にすることができたら、推しに対する大切なものを見逃さずにすむはずです。

その大切なものは、人によって異なりますが。むやみやたらに他人の言葉に影響されて、自分の想いを見失うことはなくなります。

何度でも言いますが、他人の感情なんて、基本的には「推し」と「自分」の間において、なんの関係もないじゃないですか？

SNSで推しの素晴らしさを伝える文章を書くコツは、大量に流れてくる自分以外の人が発した言葉たちから、いかに自分の言葉を守れるか、なのです。

他人の言葉は自分に伝染させない

自分で思っている以上に言葉の影響を受けている

私たちは自覚している以上に、普段触れている言葉から影響を受けます。

たとえば「日本の未来はダメだ！」と言われたら、日本という大きな次元の話をしているのに、なぜか自分の未来までダメになったような気がしてしまう。

誰かさんの不倫なんてどうでもいいと思っていたのに、浮気を派手に叩く言葉をずっと見ていると、不倫が許せなくなってしまう。

私たちは知らず知らずのうちに、普段摂取している言葉の影響をどうしても受けてしまう。

人間は言葉によってコミュニケーションする生き物だからこそ、何回も同じ言葉と接するだけで、自分に向けられた言葉だと勘違いしてしまう。そんなところがあります。

推しについての言葉も同様です。

SNSで友人がすごく好きなアイドルについて書いていたら、なんとなくそのアイドルが好ましく思えてきたりしませんか？　逆に、SNSで批判されている有名人を見ると、自分はなにもされていないのに、なんとなく悪いイメージを抱いたりしますよね。

言葉は伝染する。

だから私たちは、十分気をつけてSNSを利用しないと、どんどん他人の言葉に自分を感染させてしまう。それは、ポジティブなことでも、ネガティブなことでも同様です。

他人の言葉と自分の言葉をわける

他人の言葉の影響から自分を守る方法は、「他人の言葉を見ない」か「他人の言葉を打ち消す自分の言葉を持つ」かの、どちらかだけ。

前者の「他人の言葉を見ない」こともかなり重要な手段です。

なんだか疲れているときは、ＳＮＳを見ないようにしたり、暗いニュースに触れないようにしたりすることが必要ですよね。やっぱり疲れているときは、さらに疲れてしまう言葉に触れるべきじゃない。それと同じように、ネガティブな影響を与えてくる他人の言葉は、見ないほうが得策です。

他人の言葉から自分を守るもうひとつの方法、「他人の言葉を打ち消す、自分の言葉を持つ」。これはつまり、「私は、それは違うと思う」という言葉を持つことです。

もちろん無理に他人と違う意見を書く必要はない。でも、もし他人の言葉に違和感を抱いたときは、ぜひ「他人の言葉と、自分の言葉をわける」ことを意識してみてください。

推しを語りながら、自分を語る

同じ意見のときはメモに帰ろう

「SNSに書く言葉が、どうしても他人と似たような意見になってしまう」と悩む人もいるかもしれません。

基本的にSNSは、みんなで同じようなポイントについて盛り上がるのが楽しいメディアなので、自分と他人の意見が同じであることを恥じる必要はありません。

それでもやっぱり「他人と違う言葉を発したい」と思ったときは、自分だけのメモや日記を大切にしましょう。

他人のSNSにあがっている感想を見る前にメモした、自分だけの感想。

推しの細かいところに着目したうえで、でてきた言葉。

他人に見せないメモや日記に書いた言葉が、あなたオリジナルのSNSの言葉につながるはずです。

あなただけの着眼点を持った言葉は、誰にも見せない場（第2章でつくったメモや日記のことです）で生まれやすいのです。

ぜひ、自分オリジナルの言葉を探してみてください！

推しを語ることは、主体的に推しを楽しむこと

第1章でも述べましたが、推しについて語ることは、結果的に自分について語ることになります。

なぜ、その推しを好きになったのか？

こんなに推しという存在をつくるのがブームになっている世の中で、その相手を、存在を、分野を、選んだのはなぜなのか？

なぜ、その推しを好きでい続けられるのか？

どんな体験があって、その推しに出会ったのか？

——それらを語ることは、推しの魅力を語るとともに、推しに恋した自分を語ることでもあるのです。

自分の好みを言語化することで、自分についての理解が深まる。

せっかく推しなんて貴重な存在に出会えたんですから、その人生を肯定するためにも、人生を語る言葉を持ってみましょうよ！

「推し」について語ることで、自分の人生も捨てたもんじゃないな、と思えてきます。私は、何度もそういう体験をしました。

たとえば、SNSを通して出会った友人と推しについて話しているとき、まさか共感してもらえると思ってもみなかった点を理解してもらえて感動したことがあります。ブログに自分の好きな小説について書いて、予想以上に多くの人に読んでもらえて「自分が本当に感じていることを言葉にしたら、人に伝わるんだ！」と思えるようになりました。

あるいは、大好きな漫画の批評をネットに発表したことで、好きなものを好きって、もっと言っていいんだと自信をもらいました。

推しについて語ることで、自分で自分自身について語るよりももっと多くの、自分についての情報を得られるのです。

……と、こんなに推し語りを礼賛していますが、それでも結局推しってただの消費行動じゃん、って言われることもあります。たしかに、ただ推しのゲームやライブや舞台の観客として――つまり消費者として楽しむだけなら、それで終わりかもしれません。

でも、自分から推しについて語ったり、推しについての文章を書いたりすることで、推しを主体的に楽しむことができるんですよ。

推しについて、提供側が想像しなかった魅力を楽しんでいることを発信できる。推しを通して、能動的に人生を楽しんでいるんだと言うことができる。

他人の言葉に惑わされず、自分自身の推しについて、たくさん言葉にしてみましょう！

きっと、推しに出会えた人生について語ったあなたの言葉が、いつかあなた自身を楽しませる日がきます。

「ああ、こんなに好きな存在がいたんだなぁ」って懐かしく、嬉しく思う日がくるはずです。

第5章
推しの素晴らしさを文章に書く

伝えたいことが伝わるのが、うまい文章だ

書き始める前にやるべき2つのこと

さあ、この章では推しの素晴らしさを伝える「長文」の書き方についてお伝えします。いざブログなりファンレターなり、他人に見せる長文を書こう！　となると、書きだしが浮かばない……。そんな経験はないでしょうか？

しかし、ちょっと待った！

いきなり書きだす前に、やってほしいことが2つあります。

①読者を決める

②伝えたいポイントを決める

「長い文章で」「他人に見せる文章」を書く前には、この2点を忘れないようにしましょう。私も必ずやっています。どちらも書き終わりの「ゴール」を決めるために必要なことです。

そもそも文章を書くことが難しい理由は、書いている自分自身が、ゴールがどこだかわからなくなりがちだからです。サッカーやバスケでは、点数をたくさん取って、相手チームに勝つことがゴールだとみんなわかっていますよね。学校のテストでも、一点でも多く点数を取ったほうがいいというゴールが既にわかっている。

でも、文章は違います。なにがゴールなのかわからない。一文字でも長く書けばいいってものでもない。うまい文章を書くことをゴールに掲げても、なにがうまい文章なのかわからない。

だからこそ、まずは自分で文章のゴールを設定することが重要です。

文章のゴールとはなにか。それは、

① 想定した読者に
② 伝えたいことが伝わること

どんな文章でも、これが常にゴールです。
文章とは、なにかを伝えたいから書くもの。伝えたい読み手に対して、伝えたいことが伝わること。それが文章のゴールなんです。

小説みたいな創作物ですら、同じです。ゴールとして伝えたいことは、言語化された明確なメッセージじゃないかもしれませんが、ふわっとした「こういう雰囲気」とか「こういう読後感」みたいなゴールは必ずあります。それが読み手に伝わらなかったら、意味がない。

もちろん伝えたいと思っている読者が自分の場合は、自分だけにわかるように書いたらいい。自分しか見ないメモなんて、このパターンですよね。でも、他人に見せる文章は違う。うまい文章かどうかは、このゴールをいかに精度高く叶えられるかにかかっています。
だからこそ、まずはゴールをしっかり設定すること。そしてそのゴールを達成するために、工夫すること。それらが、長い文章を書くときのポイントです。

想定読者を決めることが文章の指針になる

それでは、書き始める前に「①想定した読者」を決めましょう。

しゃべるときやＳＮＳに書くときなど、「こんな人たちが自分の言葉を受け取る相手だろうな」とわかりやすいときは、「読者＝言葉の受け手」が自然と想像できます。しかし、長文となると、読者が途端に見えなくなる。だからこそ、最初から読者を決めておくことが、自分の文章の重要な指針になるのです。

自分が想定している読者とは誰なのか？

できるだけ具体的に決めましょう。

とくになにかを見たり読んだりしたときの感想の場合、重要なのは「そのジャンルをすでに知っている人に向けて書くのか、知らない人に向けて書くのか」ということ。

たとえば、推しのアイドルについて書くとき。推しが所属しているアイドルグループを既に知っている人に向けて書くのか、あるいはアイドルグループをほとんど知らない人に向けて書くのか。同じ「布教」ブログといえど、その読者の差異は大きいのです。

あるいは、推したい漫画について書くとしたら、漫画を既に読んだことのある人に向けて自分の解釈を提示するために書くのか、漫画をまったく知らない人に向けてこんな漫画があるよと教えるために書くのか。

読者が誰なのかを、はっきり決めてしまいましょう。想定する読者については左記を参考にしてみてください。

◎想定する読者の例

・同じ推し仲間
・中学生（昔）の自分
・推し本人！
・違うグループが好きな友達
・自分の父親

などなど。

これは、**あくまで「想定」読者なので、実際に読むかどうかは関係ありません。**当たり前ですが、昔の自分には、どうやっても読んでもらえないでしょう。

でも、想定することに意味があるんです。とにかくゴールを決めてしまうこと。そしてその目的からブレずに文章を書くこと。それこそが文章のよさを決めます。

想定読者と「推し」の距離を測る

ここで重要なのが、想定読者と「推し」がどのくらいの距離なのか、考えてみることです。これは第3章の「推しについてしゃべるポイント」でお伝えした、自分と相手の推しに対する距離感がどれくらい離れているかを把握するのと同じプロセスです。

たとえば、あなたの推しが、ある小説シリーズだったとする。自分と同じくらいその小説シリーズについて知っている人に向けて書くのなら、これまでのあらすじや、登場人物の紹介はほとんどしなくていいでしょう。

一方で、その小説をまだ読んだことのない人に向けて書くのなら、さらっとあらすじに触れることは必要ですし、どこがその本のアピールポイントなのかを書いたほうがいいかもしれません。

つまり、想定読者と推しとの距離を測ることで、第3章でお伝えした「前提を伝える」段階を踏むべきかどうかがわかります。

推しをあまり知らない人に向けて書くなら、

フェーズ①：自分と相手の情報格差を埋める
フェーズ②：自分の伝えたいことを伝える

という2段階が必要です。

逆に推しを知っている人に向けて書くなら、フェーズ②の「伝えたいことを伝える」文章に最初から入って大丈夫です。

しゃべるときと同様に、自分と相手の情報格差を知っておきましょう。想定読者を考えておく必要があるのは、フェーズ①を入れるかどうかを左右するからです。

伝えたいポイントは一点に絞る

読者が決まったら、「②伝えたいポイント」を決めましょう。

これは、少し抽象的な言い方をすると、その文章で「辿り着きたい場所」のことです。絶対にこの一点だけは、伝わったらいい！　という要点を決めます。先ほど説明した文章のゴールですね。

なぜこれを決めるのか？

それは、文章を書いている途中で一番困るのが「結局、私ってなにを伝えたいんだっけ？」と思うことだから。

書いているうちに、なにが書きたかったのかよくわからなくなる……。意外とあるあるじゃないでしょうか。終着点がわからなくなって、最後には自分でもなにを言いたかったのか不明な文章ができあがってしまう。それを避けるために、この文章でいったいなにを伝えたいのか、一点だけはっきりさせましょう。

ブログなどのまとまった長文記事を書く場合でも、伝えたい点は何点も選ばずに、具体的に一点だけ選ぶことを推奨します。伝えたいことが多いと、「結局なにが言いたい記事なのか?」がわからずに終わってしまう。初心者のうちは、一点のみを選びましょう。

伝えたいポイントを決めるうえで重要になってくるのが、第2章で説明した「自分しか見ないメモ」です。自分が残したメモのなかで一番伝えたいと思う点を選びます。

「××（要素）が、○○（感情）だったこと、なぜなら△△（原因）だから。」

という形で書くのが一番おすすめです。

△△(原因)はわからなかったら空欄でも構いません。「この場面が素晴らしかったこと」とか「この台詞が印象に残ったこと」だけでもいいのです。とにかく、「どんな要素」についいて、「どう感じたのか」を伝えたい、という一点をはっきりさせてください。

伝えたいことを作者がしっかり握っておく

ただ難しいのが、書いている最中に「あ、自分はこれを伝えたかったのか」とわかることがたくさんでてくること。

書く前はふわっとしか解釈できなかったことが、書くことで初めて「自分はこう考えていたのか」とわかることもある。だから、伝えたいことが変わってもＯＫという大前提で、伝えたい点をいったん仮決めしちゃいましょう。

ぶっちゃけ、**書き終わったあとで「あ、これが伝えたいことだったのか！」とわかる文章って、なんだかいい文章になることが多い。**

たぶん作者のドライブ感が文章から伝わるんでしょう。でもその場合は、一度書き終わったあとに「伝えたいこと」が伝わるように修正することが必要になってきます。

一番よくないのは、伝えたいことがふわふわしたまま書き始めて、最後までふわふわしたまま書き終えてしまうこと……。

作者自身が伝わってほしいことを把握できずに書いた文章から、読者が勝手になにかを読み取ってくれるケースなんて、ほとんどありません。書き手がちゃんとコントロールして、伝えたいことを伝わるように書くことで初めて、自分じゃない誰かに伝わるのです。

そもそも、自分じゃない他人は、遠い存在です。なにも伝わらないことが大前提。少しでもなにか伝わったら、それってすごいこと！　とくに、文章だけで伝えるなんて、とっても大変です。かなり難しいことに挑戦しているのですから、工夫と意志が必要になってきます。

伝えたいことをはっきりさせる。そして、その伝えたいことに向かって文章を書いていく。ゴールを明確にすることが、なにより大切です。

他人との距離を詰めるために

第1章で、私は「伝えたいことが核にあり、その核を伝えるためには工夫が必要だ」と書きました。ここでは、その伝えたいことを他人に伝えるためにどのような工夫をすればいいのか説明していきます。

「伝わる文章にするための工夫」は、自分じゃない他人との距離を詰めるための手段です。

正直、ここまで工夫って必要？　と思われるかもしれません。自分の好き勝手に書けばいいじゃん！　とあきれられるかもしれない。でも、実際に本気で他人になにかを伝えようと思ったら、ここで紹介する工夫が必要になってきます。

他人に伝える必要はなくて、自分にさえ伝わったらＯＫ！　という文章では工夫の必要はありません。だから、非公開日記と公開日記では私も文章が変わります。

どこまで工夫するかは、あなたの目的次第！

「これはいいいな」と思える範囲で、取り入れてみてくださいね。

一番重要で、一番難しい「書きだし」

「書きだし」は修正前提でとりあえず書く

書きだし、それは文章でなによりも重要なパート。

現代に生きている我々は、みんなすっごく忙しい。ちょこっと読んで、面白くなかったら、すぐにページを閉じられてしまう。だからこそ、書きだしで「この文章は面白いよ！」とアピールしましょう。


とはいえ、書きだしを素晴らしいものにしなければ！　と考えすぎて、文章を書き始められないのも本末転倒。

文章の書きだしって、一番慣れないところですから、一番苦労する箇所でもあるんですよね。そこでおすすめしたいのが、書き終わったあとに書きだしを変えること。ひと通り文章を書き終えたあと、「ここの文章が一番切れ味がいいから、最初に持ってこようかな」と文章の順番を変更するのです。

なぜなら、書きだしには、一番いいパートを使いたいから。**書きだしは、曲で言えば「サビ」であるべきです。一番耳に残るところを、最初に持ってくる。**そしてサビを説明するようにして、Aメロから……つまり本文を始める。そんなふうに修正すると、書きだしはよりいいものになります。

とりあえずなんでもいいから書き始めちゃう。そして書き終えたあとに、一番いいパートを書きだしに持ってくるつもりで書き始めます。

このあたりの修正方法については、またあとで詳しく説明します。今は「とにかく書き出しは文章の顔なんだな」という点だけ覚えておいてください。

書きだしパターン① よかった要素を描写する

そう言われても、書きだしが思いつかない！　そんなあなたに向けてヒントをお伝えします。

ここで登場するのが、第2章で書いた自分だけのメモです。そこには、あなたが推しに心揺さぶられた要素が書いてあるはずです。その要素を書きだして、描写してみてください。

――描写⁉　とびっくりされたかもしれませんが、別に小説を書けと言っているわけじゃないですよ。「要素」を説明してみてほしいのです。

推しが出演している映画のよかったシーンについて語りたいならば、そのシーンについて説明する。そのシーンを説明するためには、主人公の置かれた立場や、物語の設定などを紹介しなくてはいけませんよね。どういうシーンだったのか、あれこれ説明を書いてみてください。

推しの俳優さんについて語りたい場合は、その俳優さんについて説明を書かねばなりません。推しを知らない人に布教したいなら、今までの経歴や代表作の説明も必要でしょう。もしファン仲間に向けて書きたいなら、その俳優さんのなにについて語るのか、ちょっとした説明を書かなきゃいけないはず。

もしくは、引用から入ってみるのもアリ。

推しのMVについて語りたいなら、そのMVのURLを貼り付ける。小説なら引用する。映画なら予告編のYouTubeを載せる、などなど。

最初に一番見てほしいところを引用するのも効果的です。**いずれにせよ、なにについて自分は書きたいのかを宣言するように書いてみましょう。**

書いてあることが予測できるようにする

つぎに、引用した要素について自分がどう感じたのか、感情の原因（これも第2章の作業でメモしてあるはず）をあわせて説明します。

ここで重要なのは、「全体についてのふわっとした感想を書く」よりも、「自分が気になったひとつの要素について丁寧に書く」のを優先すること。

全体的に「これがいい！」「これが推せる！」という文章なら、巷にあふれています。具体的に「ここが魅力的なんだ」という細かい点を伝えることは、あなたにしかできないんですよ。ぜひ、ある一点に絞って細かく書いてみてください。

読み手側からしても「ああこの記事はこの話題について書いているんだな」って最初にわかったほうが、その先が読みやすいんです。

でも、「小説や映画だと、どんでん返しと呼ばれる、予想を裏切る展開があると嬉しくならない？」と思われた人がいるかもしれません。じつはそれも諸刃の剣。あまりにも予想と違いすぎる展開だと「期待していたものと違う……」と幻滅してしまうことも。**せっかく自分の時間を使うなら、期待した範囲のなかで自分を楽しませてほしいとみんな思っているんです。**

ましてや、推しを紹介したい記事なんて、小説や映画よりも読者に親切であったほうがいいはず。「この記事は××（要素）について書いていますよ！」と、冒頭で提示するのに越したことはありません。それは読者に「この記事を読むために時間を使っていいですよ～」と言うことと同義です。

読み始めてすぐに読者がなんとなく「この話題について書いているんだな」と予想でき

るようにするのは、読者への優しさ。ああ、この記事は、私を変なところに連れて行かない。そう安心しながら文章を読んでもらうためです。

書きだしパターン②自分語りをする

ただ、いつもいつも「よかった箇所の引用」から始まっていては芸がないですよね。

ここからは書きだし応用編。

これは私の持論ですが、「自分語りは最初にやっておくのが吉」。

あなたが、ある映画の面白さについて書きたいとしましょう。第2章を参考にしてとったメモには、「自分の体験との共通点」があり、その共通点を挙げて映画の魅力を語ることに決めたとします。

その映画を見て、自分の過去の失敗した経験を思い出した。ああ、こういうことあったよな、でも誰にだってああいうことって起こり得るんだよな。……そう思ったら、その自分の失敗体験談について、最初に書いていきます。

①自分の体験を書く
↓
②同じようなことが描かれていた、映画の場面を説明
↓
③どのような点が同じだと思ったのか、共通項について説明

という構成にしてみる。

すると、あなたと同じような体験をした人が読んだとき「私も同じような体験をしたことがある。共感できるかも。よし、その映画を見てみよう」と思ってもらえるじゃないですか。例を書いてみると、こんな感じです。


【具体例】

就職して1、2年経った頃、大学時代の友人たちがこんなことを言い始めた。

「働き始めたら、本が読めなくなったよ」

苦笑しつつ、そう言う友人たち。私はまだ大学院にいたので、ひと足早く就職した

友人たちの嘆きを「大変だねぇ」と言いながら聞いた。――そして、この言葉の意味を思い出す映画に、私は出会った。

２０２１年公開の邦画『花束みたいな恋をした』。

若者を中心にヒットしたこの映画は、主人公の麦くんが、本や映画や漫画やイラストといった文化系の趣味を楽しむ大学生活を送るところから始まる。大学時代、麦は同級生の女の子・絹と趣味が合って意気投合し、すぐに恋に落ちる。

しかし大学を卒業し、就職した麦は、文化的な趣味を楽しむ時間を失っていた。映画のなかで、麦は小説や漫画なんて読めなくなった、と自嘲するようにこう発言する。

「息抜きにならないんだよ。頭入んないんだよ。パズドラしかやる気しないの」

そう、麦は本や漫画を読むのをやめて、スマホゲームに趣味の時間を投じるようになっていた。そしてそれは明らかに「就職してからの変化」だった。

映画を観ながら、昔友人が話していた内容を思い出した。「働き始めたら、本が読めなくなった」——私の友人たちは、麦くんと同じような状態になっていたのか。

この映画は、一見、普通の恋愛映画のように見える。けれども、じつは若者にとって恋愛だけではない切実な問題——働き始めて奪われるものについて描いたところがヒットの理由だったのではないだろうか？

この具体例の場合は、冒頭の「働き始めたら、本が読めなくなった」というエピソードを「釣り針」としています。つまり、読者が共感できそうな体験を最初に用意しておくことで、「あ、この映画は自分も楽しめそう」と思わせることが可能になるんです。

①自分の体験を書く
（＝働き始めたら本が読めないと友達が言っていた）
②同じようなことが描かれていた、映画のある場面を説明
（＝麦くんの台詞について解説）
③どのような点が同じだと思ったのか、共通項について説明

（＝友達と麦くんが同じ境遇にあったこと、そしてそれが若者の共感を呼んだのでは）

という構造になっています。

自分が共感できそうなコンテンツは、とりあえず手にとってみようとする人が多いものです。だからこそ「自分語り」――自分と読み手の共通項としてつなげられそうな体験は、冒頭で挙げてみてください。

体験に共感してもらってから、推しの魅力を語るパートに読者を引きずり込みましょう！

書きだしパターン③「文脈」で始める

先ほど紹介した自分の体験との共通点ではなく、自分の好みとの共通点や、自分には想像できなかった新しさがあるものの場合、「文脈」の説明から始めてみます。

文脈というと難しそうに思ってしまいがちですが、実際に書いてみるとそうでもありません。

【例①】「今自分が推しているアイドルは、じつは松田聖子さんとの共通項がある」

この書き方は、日本の女性アイドル史の文脈のなかに、自分の推しアイドルを位置づけることができますよね。共通項をだしているだけなのに。

【例②】「今自分が推しているミュージシャンは、じつはアジカンとの共通項がある」

ここから始めると、日本のバンド史の文脈を、自分の好きなミュージシャンに付加することができます。

【例③】「今自分が推しているプリンは、じつはフランス料理と同じ構造がある」

違うジャンルとの共通項を指摘しても文脈になり得ます。こんな書きだしだったら、「どこに共通項があるんだ⁉」と気になってきますよね。それもまた、文脈をつけることになります。

あるいは自分の書いたメモが、共通項ではなくて、新しさを見出していた場合。新しさとは、文脈を更新しているということですから、同じように文脈から始める手法が使えます。

【例④】「今自分が推しているアイドルは、これまでのアイドルにはない新しさがある」
こんな文章から始めると、日本の女性アイドル史のなかで新規性を持っている、という文脈を加えることができます。

【例⑤】「今自分が推しているプリンは、これまでのコンビニスイーツにはない新しさがある」
推しが所属している分野よりもちょっと大きいジャンルにおける新規性を書いても、もちろんいいです。自分が勝手に見出した文脈のなかで、どこに共通項があるのか、あるいはどこが新しいのかを書くのは、布教や紹介においてかなり有効な手段となります。

じつは文脈って、制作側からは発信できません。ファンにしかできないことなんです。だって、プリンをつくった人が自分から「このプリンは、ここが新しいんです！」とアピールしても、宣伝にしか聞こえないじゃないですか。でも、ファンが「このプリンはここが新しいんです！」って言えば、それは消費者の声となり、食べてみたい気持ちが生まれやすい。口コミならではの効能です。

あなたが発見した文脈は、あなたにしか書けない文章になります。ぜひ世界に向けて発信してみましょう。

書きだしパターン④ 奥の手、「問い」ではじめる

ここまで紹介した方法を試しても、やっぱり書きだしが思い浮かばない。そんなときは「問い」から始めてみましょう。

とにかくなんでもいいので、問いを書いてみます。

【具体例】

・「なぜキャラクターに興味のなかった私が、サンリオのぬいぐるみを集めることになったのか？」

・「宝塚のなにが私を初遠征に向かわせたのか？」

・「なぜ地下アイドルにハマる20代があとを絶たないのか？」
・「VTuber●●●の動画のどこが私の心をとらえたのか？」

とにかく「なぜ」や「どこが」といった疑問を提示する言葉を使って、書きだしてみましょう。

この手法のなにがいいかといえば、文章を書く前に設定した「この文章で伝えたいポイント」を最初に確認できることです。文章を通して伝えたい点を、問いの形で提示すればいいだけなので、書く自分も読む相手も迷子になりづらくなります。さらに、読者の気も引きやすい。

問いの内容は、自分が書きたい点について「なぜ」をつけるだけ。その問いの答えを解説すれば、文章が書き終わるのでとてもおすすめです。

ただし、使いすぎると「この人、また問いで文章始めている！」と思われてしまう可能性があるので要注意。問いかけって、書きだしが似ている印象になりがちなので、この方法は奥の手です。

けれどもやっぱり、問いで始めると書きやすい。ぜひ使ってみてくださいね。

書きだしに迷ったときのヒントまとめ

★紹介したい要素についての説明から始める　★引用から始める

★自分語りから始める　★文脈から始める　★問いから始める

いったん最後までラフに書き終えよう！

絶対に書き終えるという意志を持つ

書きだしてしまったら、あとは書き終えるだけです。

なんて簡単に言いましたが、なによりも重要なのは「まず、書き終える」こと。

とにかくここが終着点だ！　というところまで書き終えるのが、長い文章ではなによりも重要。


修正する前提で、とにかく文章が変でもいいから書き終えてしまうことをおすすめします。最初から完璧な文章なんて不可能です。修正することを当たり前と考えて、しっちゃかめっちゃかな文章でもいいから、まず書き終えてしまうほうが、完成までの時間は短くなる……というのが私の体験談。

書き終えるまでのコツはただひとつ。

「書き終えること」だけを目標にすること。

どんなに日本語が変でもいい、語彙力がなくてもいい、ハードルをとにかく下げて、まずは最後まで書き終える。


大丈夫。書き続けていたら、いつか終わりはきます。

私もこの本の原稿を書きながら何度も「お、終わらねぇ」と嘆いていますが、それでもいつか終わってしまうんだろうなとわかっているからこそ、こうやって書き続けられているわけです。絶対にこの文章を終わらせる、書き終わらせてみせる、という強い意志をもちましょう。


……と、ここまで「まずは書き終わろう」と何度も言っているのは、やっぱり私自身、書き終えることがなによりも難しいと痛感しているから。どんな文章でも、アイデアだけなら誰でも思いつきます。でも、その頭のなかにあるアイデアを文章にして書き終えて、世にだすまでは遠い道のりなんです。その遠さを、いつも実感しています。

だからこそ、道のりを遠く感じても、とりあえず書ききってほしい。一度書き終えたら、あとで文章を修正する自分がなんとかしてくれます。まずは、ゴールまで辿り着きましょう。

調べてわかることは長く書かない

ここから先は、書き終えるまでに注意したほうがいいヒントをお伝えします。まず気をつけたいことは、「調べたらわかることについて、長々と書かない」こと。映画について書くときによくあるのが、Googleでその映画について詳しくリサーチしていたら楽しくなって、自分の調べたことをすべて文章にしてしまうケース。たしかに、知ったばかりの豆知識や、絶対に間違いのない情報を入れたくなる気持ちもわかります。でもそれって、**あなたの文章に必要ない情報の場合も多いはず。**具体例をみていきましょう。

【悪い例】

私は『ゴッドファーザー』のラストシーンがなによりも好きだ。観たことはなくとも『ゴッドファーザー』のタイトルは、誰もが聞いたことがあるのではないだろうか。

監督はフランシス・フォード・コッポラ。彼はイタリア移民3世で、アメリカで生まれ育った。コッポラは、ロジャー・コーマンのもとで監督としての仕事を始め、順調に自身の会社をつくったはいいものの、最初は挫折も多かった。

しかし『ゴッドファーザー』が公開されてから、映画は予想以上に大ヒット。当時の興行収入ランキングで1位を記録。さらに、アカデミー賞では作品賞と脚本賞を受賞し、自身の会社に莫大な利益をもたらした。

そこからコッポラは、『アメリカン・グラフィティ』の製作を担当するまでに至った。しかし『アメリカン・グラフィティ』の監督であったジョージ・ルーカスは、コッポラを脅威に思ったのか、自身の代表作である『スター・ウォーズ』の製作には介入させなかったという。

こうしてコッポラは、ルーカスから譲られた『闇の奥』の映画化の企画を担当することになる。この映画はのちに『地獄の黙示録』というコッポラの第2の代表作になるのだ。

さて『ゴッドファーザー』のラストシーンだが……

いや、『地獄の黙示録』の話、いらなくない⁉ って思いませんか？

ネットで調べているうちに「へ～、そうなんだ～」と感心して、「この話、いらなくない⁉」と読み手が思う情報をつい入れてしまうことって案外ある。書いている側からしたら、せっかく調べた情報だからと、入れたくなってしまうんでしょうね。

でも、そこは必要ありません。調べたらわかるんだから、思い切ってばっさり削りましょう。あなたの文章でわざわざ書く必要はありません。

あなたがやるべきなのは、「へえ～、面白そう。ネットで調べてみようかな」と思わせること。読み手の調べるモチベーションを生みだすような文章を書きましょう。

【改善例】

私は『ゴッドファーザー』のラストシーンがなによりも好きだ。観たことはなくとも、『ゴッドファーザー』のタイトルは、誰もが聞いたことがあるのではないだろうか。

監督はフランシス・フォード・コッポラ。彼自身がまさにイタリア移民3世であるが、この映画もまた、イタリアからアメリカに移住してきた父を持つマフィアのファミリーの物語である。

さて『ゴッドファーザー』のラストシーンだが……

このほうがすっきりとして、伝えたいポイントがわかりやすいですよね。

ありきたりな言い方を避ける

文章を書いているときに気をつけたいもうひとつのポイントは、ありきたりな言い方を避けることです。第1章で「クリシェ」という概念をお伝えしましたが、やっぱり文章を書いていると、常套句を使いたくなってしまうんです。だってそのほうが、なんとなくかっこよさげな文章が書けるから。

でもあなたが書くべきは、なんとなくかっこいい文章ではありません。伝えたいことが伝わる文章です。だからこそ、ありきたりな常套句はやめて、あなたが本当に言いたいことに近い言葉を使ってみましょう。

・「最高」と書きたいとき➡「どういうところが最高なの？」と考えて細分化する
・「やばい」と書きたいとき➡「どういうふうにやばい？」と考えて言葉にする
・「考えさせられる」と書きたいとき➡「なにを考えさせられたの？」と考えて説明する

きれいにまとめるのではなく、具体的に自分の感情や考えたことを言葉にしてみましょう。

大切なのは、語彙力ではなく、細分化です！

細かく自分の愛を語っていきましょう。

とはいえ、書き終えることが一番大切

ここまで、書き方についてのヒントをいろいろと紹介してきましたが、書き終えることに比べたら、無視してもらってもいいぐらいです。参考程度にしてください。

「調べたことは、とりあえず書いちゃいたいよ〜」、「もう、最高以外の言葉が思いつかないよ〜」というときは、あとで文章を修正するときに直す！　と割り切るべきです。

「せっかく調べたことを書いたのに、あとから削るのがつらい」という事態や、「考えさせられるって書いちゃったから、それ以外の言葉に変えたくない」という事態を避けるために一応お伝えしましたが。ぶっちゃけ、書き終えること以外に書き終わるまでに重要なことなんて、ないです！

とにかく最初は「書き終えただけ、えらい」と自分で自分を褒めながら、最後まで辿り着きましょう。言葉が変でも、文脈がおかしくても、ここでは書き終えることに勝る目的は存在しません。

書けなくなったときにやること

書きだしがおかしいかをチェック！

何度もしつこく「まずは書き終えろ」と言っても、やっぱり筆が止まってしまうときはあるんですよね。なんか知らんが続きが書けないときは、誰にでもあります。私もしょっちゅうです。

文章は書き始めることが一番難しいですが、その次に難しいのは、書き終えること。そんなの当たり前だと思われるかもしれませんが、まあ、文章の修正やら公開やらっていうのは、書き始めたり書き終えたりする労力に比べたら、なんでもないことなんです。

そんなわけで「書き終えることができない」ときの対処法をお伝えします。

まず、なぜか筆が止まってしまうパターン。

最初に疑うべきは「そもそも書きだしが、おかしい」です。**とくに広がりのない論点を無理に広げてしまっているとか、本当はあまり書く気にならない要素を書いてしまっているとか。**違和感のある書きだしから始まってしまうと、書き続けることはできないんですよね。スタートが変だと、ゴールに辿り着くことはできない。

この疑いがあるときは、書きだしを思い切って変えましょう。

「引用」から始めていたけど、「問い」から始めてみるといった変化もアリです。別の書きだしはないかな？　と考えて、もう一度書き始めてみると案外うまくいくケースは多いものです。

書きだしからやり直すのは、面倒かもしれませんが……書き終わらないよりは、ずっとマシ！　と心を鬼にするのがポイントです。

それでも書けなかったら、もう一度推しに触れてみる

書きだしもどうやら間違っていないのに、それでもなんとなく書けない。そういうとき

は、「推しに再度触れる」ことをおすすめします。

この方法は、実際に私が書評を書いているときにもよく使います。筆が止まり、困ったな〜と思うとき、もう一度書評する本を読み返すんです。すると、新しい発見があったり、自分が今書こうとしている切り口で使えそうな場面が見えてきたり、自分の書きたいことが言葉になってきたりします。

自分が文章を書いているときに再度推しに触れることで、改めて見えてくるものがあるんです！

推しのライブＤＶＤを改めて観るもよし、推しのYouTubeを見返してみるもよし。**「推しについて書く」とき、一番の原動力となるのも、やはり推しなんです。**書けなくなったときは、ぜひもう一度推しに触れてみましょう！

自分の好きな文章を読み返す

書けなくなったときのために、「自分の好きな文章」をストックしておいて、その文章を読み返すのもおすすめです。

つまり、文章のお手本を持っておくんですね。

こんな文章を書けたらいいなあ、という理想の形を持っておく。

ブックマークに入れておいたり、机の横に自分のお手本となるエッセイ本を置いておくなど、いつでもその文章を読み返せるようにしておきましょう。**何度も理想の文章を読んでいると、その文章のテンポや言葉の使い方が、なんとなく自分の体に沁み込んでくる感じがします。**いい影響を受けるので、本当におすすめです。


書けなくなったときは、とくに自分の理想の文章がよくわからなくなっているとき。たかが自分の文章に「理想」なんておこがましい！　と思われるかもしれませんが、文章の分野ほど、自分の理想に近づきやすいジャンルはありません。文章って、お金も、たいした労力もいりませんからね。ちょっとした時間だけで、自分の理想を体現できるんです。


あなたの理想の文章を普段から集めてみてください。

書けなくなったとき、きっとその理想の文章たちがあなたを助けてくれます。「こっちにきたらいいよ！」とゴールを教えてくれる存在になります。

そして、どんな手を使ってでも、いったん書き終えましょう。書き終わったときには、あなたの推しに対する愛情が文章のなかに宿っているはずです！

文章のお手本になるもののまとめ

★好きなエッセイ
★同じジャンルが好きな人のブログ
★なんとなくいいなと思ったネットの記事
★雑誌のコラム

書き終わったら修正するクセをつける

文章の修正ってなんで必要なの？

どうにかこうにか、文章を最後まで書き終えました。いや〜、おつかれさまです！

ほっと一息ついてから、そのあとやるべきは「修正」です。

もうずいぶん昔に読んだ雑誌のインタビューですが、作家の森見登美彦さんが「プロとアマチュアの違いは、修正の数だ」と仰っていたことを私はよく覚えています。

修正をすればするほど、プロの文章に近づきます。

たとえプロを目指していない人であっても、修正はやったほうが絶対にいい！

なぜなら、**修正を前提にして文章を書くクセをつけると、文章を書き終えるためのハードルが下がる**から。

もちろん手書きの手紙や作文など、修正をすることが難しい文章もあります。あるいは修正なんてする時間ないよ、という人もいるでしょう。

しかし今の時代、スマホのメモ欄もありますし、隙間時間でざーっと第1稿をスマホに書いて、文章を修正しながら手書きで書く……なんてこともアリです。気合いを入れたい、ここぞというときの文章は、ぜひ修正を大切にしてください！

「文章＝1回書いたら終わり」という常識をやめて、「文章＝何度も書き直すもの」という考え方にシフトしましょう。

何度も書き直すことが当たり前になれば、修正が楽しくなって、やらないとソワソワするようになってしまいますよ！　日常的に文章を書く人は、ぜひ修正をクセにしてください。

別人になって、ポイントが伝わっているかを確認

それでは修正するとき、なにを基準に直せばいいのでしょうか？

ここで重要になるのが、165ページで紹介した「①想定した読者に、②伝えたいことが伝わる文章」かどうか、という軸。この①②が達成できている文章だろうか？というのをゴール基準に修正します。

コツは、自分じゃない別人になったつもりで読み返すこと。

これは修正するうえで、一番大切な点です。「今読み返しているのは、私じゃない！」と言い聞かせながら、別人になったつもりで読み返して修正していきましょう。

自分のまま読み返していると、「なんでこんなこと書いちゃったんだろう……恥ずかしい……」「ていうか文章変じゃない？　もう公開やめちゃおうかな」などと余計な羞恥心に塗れてしまいます。

そもそも文章を書くのって、恥ずかしいことなんです。文章を書いている人で、恥ずかしくない人なんていません！　本当です。それに、恥ずかしいという今の自分の都合でやめちゃったら、せっかく書き終えてくれた過去の自分がかわいそうじゃないですか。

だから、「この文章を書いたのは自分じゃない」と思い込んで、読み返しましょう。

それに、他人になったつもりで読んだほうが、客観的に自分の文章を読み返すことができます。

おすすめは、文章を一晩寝かせてから修正すること。

書いてから少しだけタイムラグを置いて修正すると、客観的に「ここはわかりづらい」など、修正する点が見つかりやすくなります。誤字脱字が見つかりやすい、という利点もあります。

「なんだかここの意味がわかりにくいなあ」、「全体としていまいちな感じがするなあ」と思ったとき、おすすめの修正方法は次の３つです。ひとつずつ説明していきますね。

◎おすすめの修正方法

①文章の順番を変える

②いらない文章を削る

③見出しをつける

修正方法① 文章の順番を変える

まずは、文章の順番を変える方法から説明します。

これは短いSNSの文章から、長めの記事に至るまで使える手法です。

というのも、文章術の本を読んでいると「構成」という言葉がよくでてきますが、「構成」って、ほぼイコールで「文章の順番」です。構成がいいと言われる文章は、「文章の順番がうまいね」ということ。どの文章を冒頭に持ってきて、どういう順番で説明するのか。文章の順番は、じつはすごく重要です。

とくに気にしたほうがいいのは、「どこを冒頭に持ってくるのか?」。

たとえば、次の2つの文章を見比べてみてください。私が書いた『堤中納言物語』という本についての書評です。

【修正前】『堤中納言物語』書評

『堤中納言物語』は、平安後期から鎌倉時代に綴られた多様な物語をあつめた書物。高校の古典の問題に出題されやすい。だけど、授業で出会うだけではもったいないほど、個性豊かな物語が収録されている。たとえば有名なのは、「虫めづる姫君」。『風の谷のナウシカ』の元ネタになったことで有名な、元祖理系女子の物語である。

さらに、ほかにもこんな台詞がある。「月の光に、だまされてしまった」。こんなライトノベルみたいな台詞ではじまるのが、いわば千年前のライトノベル古典文学『堤中納言物語』だ。

こんな話、平安時代にあったのか！　と読むと驚くこと間違いなし。

【修正後】『堤中納言物語』書評

「月の光に、だまされてしまった」。

こんなライトノベルみたいな台詞ではじまるのが、いわば千年前のライトノベル古典文学『堤中納言物語』だ。

『堤中納言物語』は、平安後期から鎌倉時代に綴られた多様な物語をあつめた書物。高校の古典の問題に出題されやすい。だけど、授業で出会うだけではもったいないほど、個性豊かな物語が収録されている。

たとえば有名なのは、「虫めづる姫君」。『風の谷のナウシカ』の元ネタになったことで有名な、元祖理系女子の物語だ。

こんな話、平安時代にあったのか！　と読むと驚くこと間違いなし。

なんとなく、後者のほうに興味がそそられるし、パンチがあるのではないでしょうか？

しかし、「この2つの文章、ただ罫線つきの文章の順番を入れ替えただけ。冒頭の文章によって、全体の雰囲気が全然違ってきてしまうのです。

たかが順番、されど順番。

自分の文章がなんだか微妙だな〜と思ったときは、**「自分が一番いいと思うフレーズを冒頭に持ってくる」**という順番の改変を行ってみてください。もちろん短い文章でも同じ。

書きだしになにが登場するかで、文章全体の印象が変わってきます。

一番いいフレーズは最初に持ってくる。たったこれだけで、文章全体がグッと締まるのです！

修正方法②　いらない文章を削る

ザーッと書いた文章だと、どうしても必要のない情報が入ってきてしまいます。そのため、いらない箇所を削ると、伝えたいものだけが伝わるすっきりした文章になるのです。一度書いた文章を削るのは「せっかく書いたのに！」と嫌になるかもしれませんが、心を無にして、ざっくり削ってみてください。他人にとっては、より読みやすい文章になりますし、長すぎると、なかなか読んでもらえません。

さて、こちらも例をだしてみます。大きく削った箇所と表現を変えたところは罫線つきの文章になっているので、注目して読んでみてください。

【修正前】『若草物語』書評

舞台は南北戦争中のアメリカ。四姉妹――メグ、ジョー、ベス、エイミーたちの話は、父のいないクリスマスから始まる。四姉妹の成長や人生の進展を中心に物語は進む（じつはぜんぶで４巻ある長編で、この本は１巻目にすぎない）。

この作品は「お金よりも、優しさと賢さが、人生を豊かにする」というテーマを描いている。

お金を稼ぐことは悪いことじゃない。だけどお金を持っていても、それをどう使うか、世のため人のためになるお金とすることができるかどうかは、その人の品性と知性に拠っている。

お金をただ持っているだけでは人生は豊かにならないし、お金を持っていなくても人生を豊かにすることはできるのだ。『若草物語』を読むと心底それがわかってくる。四姉妹はまだ幼い頃から、近所の人々を助け、そして近所の人々に助けられる。ピアノを弾いてあげたり、パンをわけたりすることで、彼女たちは豊かさを世の中に還元する。

単なる「恋愛」とか「家族」とかいった枠におさまらない、もっと大きな「世の中」みたいなものと姉妹の関係性を『若草物語』は描く。そして読者もまた『若草物語』を読むことで、世の中との本来の関わり方を思い出す。

もちろん成長するにつれて、「世の中」と私たちの距離感は都度変わってゆく。だけどいくつになっても、品性と知性が大切なことは変わらない。『若草物語』は、私たちが豊かになるために必要なことを思い出させてくれる物語なのだ。

【修正後】『若草物語』書評

舞台は南北戦争中のアメリカ。四姉妹――メグ、ジョー、ベス、エイミーたちの話は、父のいないクリスマスから始まる。

この作品は「お金よりも、優しさと賢さが、人生を豊かにする」というテーマを描いている。

お金をただ持っているだけでは人生は豊かにならないし、お金を持っていなくても人生を豊かにすることはできる。『若草物語』を読むと心底それがわかってくる。お金の使い方は、その人の品性と知性に拠るのだ。

四姉妹はまだ幼い頃から、近所の人々を助け、そして近所の人々に助けられる。ピアノを弾いてあげたり、パンをわけたりすることで、彼女たちは豊かさを世の中に還元する。そしてその姿勢は大人になっても変わらない。彼女たちはいつだって豊かさのために品性と知性を大切にする。

『若草物語』は、私たちが豊かになるために必要なことを思い出させてくれる物語なのだ。

後者のほうが、文字数は少ないですが、すっきりと読みやすく、伝わりやすい文章になっていませんか？　文や内容自体はあまりいじっておらず、いらない文章と語句を削った結果です。

「必要のない文章はないか？」、そんな視点でくまなく自分の文章を読み返して削ることで、すっきりとした伝わりやすい文章が生まれます！

これも、自分の視点で自分の書いた文章を読むと「せっかく書いたのにな」と思ってしまいがちなので、書いたのは別人だと思い込んで削りましょう。

修正方法③　見出しをつける

最後は、ある程度長い、まとまった文章で使えるテクニックです。

「なんだか長くて読みづらいなあ」と思ったら、ぜひ見出しをつけることをおすすめします。つまり「タイトル」をそれぞれつくって、目次がわかるようにするイメージです。これも例を見ながら説明していきましょう。罫線つきの文章が、表現を変えた部分と見出しになるので、確認してみてください。

【修正前】『秘密の花園』書評

まず、メアリの性格の悪さに圧倒される。

『秘密の花園』は、児童文学である。なのに、主人公の性格が悪いのだ。

ちなみに主人公のメアリも自分の性格の悪さは自覚しており、「なによ、この雨。わたしなんかよりよっぽどつむじまがりじゃないの」と述べる。

自分でもわかるくらい性悪女のメアリ。

そんな性悪のメアリは、イギリス植民地時代のインドで育ったが、ある日両親が亡くなってしまう。イギリスのヨークシャーのお屋敷に住む叔父に引き取られることになったが、その屋敷には、閉じられた「花園」があったのだ……。

『秘密の花園』のあらすじだけ書くと、「孤独な少女が花園で暮らす」といった美しい物語を想像してしまう。しかし、残念ながらこの作品はそんな窮屈な物語ではない。

じつは『秘密の花園』は、両親に放任されすっかりひねくれた少女が、環境を変えることでどんどんたくましくしぶとく成長する物語なのだ!

しかしそんな性悪主人公のメアリも変わる。

信用できる大人に出会い、おいしいごはんを食べ、そして植物の世話という自分のやりたいことを見つけて、どんどん健やかになる。明るくたくましい少女になる。

『秘密の花園』は、ものすごく現代的な話だ。都会で両親にほったらかされて非行に走っていた女の子が、田舎に引っ越してきたことで、人間味のある大人や自然に触れて変わった……なんて、今でもドラマにでてきそうな物語である。

優等生的少女児童文学ではないけれど、私は『秘密の花園』がたくさんの人に読まれてほしいと思う。「メアリは自分だ!」と感じる人が、きっといるはずだから。

【修正後】『秘密の花園』書評

児童文学『秘密の花園』の3つの魅力

1. メアリの性格の悪さ

『秘密の花園』は、児童文学である。なのに、主人公の性格が悪い。

ちなみに主人公のメアリも自分の性格の悪さは自覚しており、「なによ、この雨。わたしなんかよりよっぽどつむじまがりじゃないの」と述べている。児童文学の主人公のくせに、性悪女を自称するヒロイン、メアリ。そんな変わり者の彼女がどう変わっていくのか、目が離せなくなる！

2．窮屈じゃない児童文学

メアリは植民地時代のインドで育った少女。ある日、メアリの両親が亡くなってしまう。彼女はイギリスのヨークシャーのお屋敷に住む叔父に引き取られる。その屋敷には、閉じられた「花園」があった……。このように『秘密の花園』のあらすじだけ書くと、「孤独な少女が花園で暮らす」という美しい物語を想像してしまう。しかし、残念ながらこの作品は、そんな窮屈な物語ではない。

じつは『秘密の花園』は、両親に放任されすっかりひねくれた少女が、環境を変えることでどんどんたくましくしぶとく成長する物語なのだ！

性悪女だったメアリが、信用できる大人と出会い、おいしいごはんを食べ、植物の世話という自分のやりたいことを見つける。そしてどんどん明るく健やかに変わる。
そのプロセスは、窮屈さとは真逆の物語だ。

3．現代的な物語

『秘密の花園』は、ものすごく現代的な話だ。都会で両親にほったらかされ非行に走っていた少女が、田舎に引っ越したことで、人間味のある大人や自然に触れて変わった……なんて、現代のドラマにでてきそうな作品である。

優等生的少女児童文学ではないけれど、『秘密の花園』がたくさんの人に読まれてほしい。「メアリは自分だ！」と感じる人が、きっといるはずだから。

後者のほうが、やっぱり読みやすいですよね。

それは「見出し」をつくったから。目次が頭に入ってきやすいし、見出しごとになにが言いたいのか、作者も読者もひと目で確認できます。

書き終わったあとに、自分で段落をわけて、それぞれの段落にタイトルをつけるのはおすすめですよ。

推しへの文章を書く以外にも、パワーポイントで資料をつくるときや、長文メールを送るときにも使える手法です。

修正は、慣れると楽しくなってくる！

慣れていないと、修正が面倒に感じてしまいますが、慣れると「こんなに楽しいことない！」ってくらい面白くなってきます。私は自分の文章を自分で修正するときが一番楽しい。他人に言われて修正するのは、けっこう辛いものですが……自分で直すのは楽しくできる。

- **どうしたらもっと読みやすい文章になるかな？**
- **伝えたいことが、これで伝わっているだろうか？**
- **もっとわかりやすい言い方はないかな？**
- **削れる場所、どこかにないかな？**

このような点に注意しながら、文章を修正していけると、どんどん書くことがうまくなります。修正することで初めて他人に届く文章になる。そのことを肝に銘じて、ぜひ修正をマスターしてみてください！

みんなと違う意見を発表する勇気を持つには

紹介してきた方法で、文章が書き終わった。その際、「世の中の人と違う意見」になってしまったとき、その文章を発表してもいいのかな……？　という不安に駆られてしまうかもしれません。

みんなと違う意見を発表する勇気は、どうやったら持てるのか？

その勇気は、自分の発信をブラッシュアップすることによって生まれてきます。

たとえば、みんなが否定的な意見を持っている映画を、肯定する文章を書く。これって、けっこう緊張しますよね。空気を壊すようなことにならないかな、変な目で見られないかな、と不安になる。

しかし逆に言えば、その緊張のぶんだけ、文章を修正したり、読み直したりするモチベーションにつながるはず。つまり**「これで大丈夫かなあ、この文章」と不安になったら、自信が持てるまでとことん文章に向き合って修正しましょう。**

修正に修正を重ねたら、むしろ発表しないと損した気持ちになります。だってそこまで磨き上げた文章を他人に見せずに終わるのは、もったいないじゃないですか。緊張したり勇気が必要だったりするぶんだけ、その文章をブラッシュアップする原動力にすればいいのです。

違う意見の人を説得できるくらい磨きあげた発信をしてやるぜ！　くらいの気概を持って、ぜひ文章をブラッシュアップしてみてくださいね。

推しの素晴らしさを伝える「長文」の書き方

1. 書く前

・書く相手を決める（そのジャンルを知らない人に読んでほしいのかどうか）
・書くポイントを決める（細かく具体的に！）

⇓

2. 書き出し

・よかった要素の説明
・自分語りをする
・「文脈」で共通項or新しさを説明する
・迷ったら「問い」ではじめる

⇓

3. 書き終える

・調べたらわかることを長々と書かない
・ありきたりな言い方を避ける
・書けなくなったらもう1回「推し」に戻る

⇓

4. 修正

・「伝えたいポイント」が伝わっているかを確認
・いまいちだったら、文章の順番を変える／いらない文章を削る／見出しをつける

第6章
推しの素晴らしさを書いた例文を読む

プロの推し語り文を参考にしよう！

文章のプロの技術を真似する

第5章までは、「推しの素晴らしさを語る」技術についてあれこれ書いてきました。しかし、技術を知ったところで、実際に文章に落とし込めるのかは、人それぞれ。

というわけで、百聞は一見に如かず。応用編として、文章のプロによる推しの魅力を伝える文章を読んでみましょう。

ここで挙げる例は、私が好きな推しの素晴らしさを伝える文章たちです。どこがいいのか、どんな工夫をしているのか、ぜひ一緒に考えながら、その技術を真似してみてください！

「推しを見るファン（自分）」「推しを見るファン（他人）」「推しそのもの」それぞれについて書かれた3パターンの文章を用意しました。どの手法が自分に合っているかな？　と考えてみるのもいいかもしれません。

「推しを見るファン（自分）」を伝える例文

さっそく「推しのファン」である自分の感情について書かれた文章を見てみましょう。詩人の最果タヒさんが描いた文章です。最果さんがファンである、宝塚の舞台について書いた連載の第1回目。テーマは「千秋楽」。

千秋楽とは、舞台において、とある演目の最終日のことを指します。つまり、その演目が見られるのは、この日が最後、ということです。最果さんがまさにこの文章を書いているとき、好きな舞台の千秋楽だったらしく、千秋楽について向き合う自分の心情を言葉にされています。

千秋楽なんて来てほしくない。私は私の好きが過去になっていくことに向き合わなくてはならないから。ここまで好きなら忘れない、とは思う、ブルーレイで見れば一瞬で蘇るんだし。でもだんだんブルーレイで見ている映像にすべての記憶がすり替わっていく気もする。そうでないと言い切る自信がない。私だけが見た、私の席からしか見えないあの日の公演。どんなに思い出せてもあのときに見たものそのままには決してならない。好きだからこそ、好きだったあの瞬間そのものが自分の「記憶」ですべて再生できるなんて思えない。あの日のあの瞬間のあなたが最高だったと思う限り、すべてを今も思い出せるなんて絶対に言いたくない。

その舞台があるから幸せですとか、毎日元気になれます、と言えたらいいのだけど、どちらかと言うとそれがなければ平静が保てない、みたいな感覚の方がしっくりきてしまう。本当にそれが「平静」なのかはもはや誰にもわからないけど、とにかくそうしたギリギリのところに今自分はいる、という感覚が強くて、好きなものを見つけて人生

宝塚の説明をはさまず、ただ「千秋楽」について語ることで、宝塚に限らず舞台ジャンルを好きな人みんなが共感できる文章になっている!

自分の「好き」について細かく語ったあと、世間の「推し」に対する一般的な言説=「人生を幸せにするもの」について、軽やかに疑問をはさみ共感を生む。

を幸せに！みたいなメッセージを見かけると嘘でしょ⁉と思ってしまうのだった。趣味なんてくだらないという人にはそりゃもちろん私もNOを言いたいが、自分を自分で幸せにできるから好きなものは素晴らしい、みたいな話は、ギリギリの気持ちがバランスを崩したときに、まるで「好き」が未熟だったような気がして余計に落ち込む気もしてしまう。

私だって幸せではある。楽しいし、でも好きだからこそ繰り返し見ようとする時の執着心のようなものは、一度どこかで躓いたら、とんでもない大怪我を心に負いそうだ、と思いながら猛ダッシュを繰り返している感覚がある。

（最果タヒ『ファンになる。きみへの愛にリボンをつける。』中央公論新社）

自分で自分の機嫌を取れていない状態を「未熟」な気がして落ち込む、という表現が最高。「未熟」という言葉に、まさにそれだ！　と思う人も多いのでは。

私はこの文章を読んだとき、「うっ、なんかわかる」と息をのんでしまったんですよね。最果さんは詩人ですが、どこかみんながなんとなく「わかる」と感じる部分の言語化、つまり「最大公約数の言葉」を綴るのがすごく上手な人なんですね。そんなふうに表現すると、誤解を生んでしまうかもしれませんが、この文章にも「最大公約数の言葉」をつくる技術が最大限に発揮されています。

たとえば、昨今「推し」という言葉は、頻繁に街で見かけるようになりました。が、その在り方にもやもやとした逡巡を抱えている人も多いのではないでしょうか。というのも世間で推しというと、「推してハッピーになろう」とか「推しがいると毎日楽しい」とか、そういったポジティブな言葉のほうが全面にでてくる印象を受けます。

でも実際は、すごく好きな対象だからこそ、その周りにあるいろんな事情が許せなかったり、感情を揺さぶられすぎてドキドキしたり、そういった葛藤がつきものです。だって好きなんだもの。

最果さんの文章は、そういった「好き」という感情を美しく言葉にしてくれています。

「本当にそれが『平静』なのかはもはや誰にもわからないけど、とにかくそうしたギリギリのところに今自分はいる、という感覚が強くて、好きなものを見つけて人生を幸せに！みたいなメッセージを見かけると嘘でしょ⁉と思ってしまうのだった」という一文なんて、ああそうそう、自分はそういうところにもやもやを感じていたのだった、と膝を打つような気分になる。

恋ってそういうことですよね。性愛を含んだ恋愛感情ではなくとも、「好き」、つまりは自分のパワーになるほど感情が揺さぶられるものって、どちらかというと私たちを「平静ではなくさせる」パワーが大きい。

だからこそ、「自分を自分で幸せにできるから好きなものは素晴らしい、みたいな話は、ギリギリの気持ちがバランスを崩したときに、まるで『好き』が未熟だったような気がして余計に落ち込む気もしてしまう」という一文に、私は共感してしまうのです。そうだよな、必ずしも推しによって幸せを受け取らなくても、好きであることに変わりはないよな、と頷いてしまうのです。

誰もはっきりとは言葉にしてこなかったけれど、いざ言葉にされると、きっとみんなそう思っているのではないか？　なぜこれまで誰も言葉にしなかったのか？――最果さんの言葉には、そう感じることがとても多いのです。

そして、そういう文章が成り立っているのは、最果さんの言葉が、世間の定型文……つまりは「クリシェ」に沿っていないから。世間のいう「推し」や「好き」の定義を、一度疑ってみる。そして自分の言葉によって、もう一度、その概念を紡ぎなおしてみる。クリシェではないからこそ、「ああ、そういう言語化を今までしたことはなかったけれど、言われてみればたしかにその通りだ！」と膝を打つような文章になるのです。

推しの魅力を伝える際も、みんなが使っている言葉や概念をそのまま使うのではなく、自分の言葉にして考えてみてはどうでしょう。

そのための技術は、前章までで伝えた通りです。最果さんの文章は、「言葉の紡ぎなおし」の連続で成り立っている――と、私は彼女の詩や文を読むたびに感じます。

「推しを見るファン（他人）」を伝える例文

次は、作家の三浦しをんさんのエッセイ『好きになってしまいました。』から、「コロナ禍でのコンサートの風景」を描いた文章を紹介します。

新型コロナウイルスが猛威を振るい始めた頃に綴られたエッセイです。三浦さんは本文のなかで、某「歌ったり踊ったりするきらめく集団」のコンサートを見るため、体調管理を万全にしつつ、東京ドームへ向かったときのことを書いています。

ちなみに、三浦さんは自身のことを「まあ私はふだんから、「腕組みした地蔵」のように黙りこくってコンサートを眺める癖がある」と述べているのですが、一方で「とにかく先方のきらめきが尋常じゃないので、さしもの地蔵も声帯を使ってしまう可能性はゼロではない」と懸念していました。けれどもエッセイの焦点は、だんだんと隣の女の子に向かうのです。

ときはコロナ禍初期。つまり、コンサートを観に行っても、従来のように「ファンが声をだす」ことが厳しく禁じられていました。しかし、自分が推しているスターがでてきたら、どうしても声が漏れでてしまうのがファン心理。

さて、三浦さんの向かったコンサート会場は、どのような様子だったのでしょうか。

私の隣（実質的には、席をひとつ空けた隣）にいたのは、十代後半だろう女の子だったのだが、彼女はマスクをした口もとを腕でふさぎ、必死に声を押し殺して、一生懸命に旗を振っていた。ほんとは「きゃー」って言いたいんだけど、がんばって我慢しているらしい。うむうむ、気持ち、わかるよ……！　無言でうなずく地蔵。

しかし試練はつづく。きらめく集団が花道に繰りだしてきたり、移動式ミニステージに分散して乗って、アリーナ外周をまわったりするのだ。つまり、メインステージにいるときよりも、客席に近い位置までやってくる。

このきらめきは……、人類的に耐えられるものなのか？　心配になった地蔵は、ちら、と隣の女の子をうかがった。彼女は腕では追いつかなくなったらしく、マスク越しにタオルを噛んでいた。ていうか、マスクのうえからぐいぐいタオルを口に押しこんでいた。気持ち、わかるけど、もはや窒息の危機に直面してるよ！　大丈夫なの⁉

具体的なアイドルの衣装や髪型などの描写は最小限にして、「きらめく集団」のひとことにすると、読者もファンも描写に集中できるそれでも彼女はこらえた。一声も発さずにきらめく集団を見つめていた。そんな彼女を見て私は、「きらめく集団よりもきらめいている、うつくしい姿だな」と思った。

実際は、ふぐふぐするほどタオルを口にめりこませてて、事情を知らないひとが見たら心配になるというか、滑稽さを感じさせる様子だったかもしれない。でも、彼女がどんなにコンサートを待望していたか、きらめく集団から、いまどれだけ感動をもらっているか、だけど声を出して、万が一にもまわりのひとになにかあったら大変だと理性を働かせているのか、そんなあれこれがすごく伝わってきて、「いい子だなあ」と私も感動したのである。

隣の彼女みたいなひとがいっぱいいて、東京ドームは、拍手と小旗の音だけが響く無言の空間となったのだった。

（三浦しをん『好きになってしまいました。』大和書房）

ファンの興奮が伝わってくる描写……!!

ファンの描写によって、そのファンが応援しているグループの素晴らしさも伝わってくる！

この文章、なんかすごくいいですよね。

なぜなら、推しのきらめきに圧倒されつつもこらえるファンの姿を描くことで、「推しのきらめき」と「推しのファンのきらめき」の双方を描くことに成功しているから。

コロナ禍のコンサート風景を描くのならば、主催者側の工夫を詳しく書くこともできたのでしょう。換気がどんなにしっかりしていたか。観客が声をださないように、どんな工夫がされていたのか。そしてなにより、コロナ禍における東京ドームコンサートの開催について、演者である推したちが、どのように語っていたか。それらの情報を仔細に描くこともできたはずです。

でも、三浦さんはそうしなかった。もちろん、コロナ禍ならではのコンサートの風景も本文中では言及されているのですが、それはさらりと触れるだけ。

このエッセイのメインテーマは、「ファン——とくに隣の女の子——がどのようにがんばって声だしをこらえていたか」に終始しています。

私たちはこのエッセイを読んで、「そんな『ふぐふぐするほどタオルを口にめりこませ』

なきゃ声を抑えられないほど感動するコンサートってどんなものなの⁉」とか、「なんだかファンのマナーが、すごく、ちゃんとしている……！　この『きらめく集団』とはどこのグループのことなんだろう」とか、推し自身についても気になってくる。ファンである女の子のエピソードの印象が残るだけでなく、その女の子や三浦さんがここまで入れ込んでいるグループって、どんなに素敵なんだ⁉　と興味を引かれるはずです。

伝えたいことがきちんとひとつに絞られているからこそ、推しの素晴らしさを伝えることに成功しているのです。推しを見るファンについて伝えることで、逆説的に推しについても伝えることができている。

それは単純に推しの素晴らしさだけについて書くよりももっと、推しの魅力が伝わる方法なのかもしれません。このケーキがどれだけおいしいかを語るよりも、このケーキに夢中になっている人について語ったほうが、ケーキのおいしさが伝わっていく。

しかし中途半端に「推し」のよさも「推しのファン」のよさも、どちらも同じ分量で書いてしまうと、言いたいことがきちんと伝わりません。推しのファンの素晴らしさに文章が集中したからこそ、推しの魅力を伝えることに成功しているのでしょう。

「推しそのもの」を伝える例文

さて、これまで紹介したお二人の文章は、「推しを見るファン（自分）」「推しを見るファン（他人）」をそれぞれ書いていました。最後は「推しそのもの」について書いている文章をご紹介しましょう。

ちょっと難しく感じるかもしれませんが……ジェーン・オースティンの小説『説得』の書評です。書き手は東京大学大学院で英米文学を教える阿部公彦さん。これだけ聞くと、「えっ、そんなアカデミックな人の書評も、推しを伝える文章なの？」と訝しく感じるかもしれません。けれども、私はこれこそ推しの素晴らしさを伝える文章だと思います。

なかなか読む機会の少ない、英文学の古典的名著。そんな小説の魅力を、阿部さんがどのように伝えるのか？　読んでみてください！

卒論や修論のテーマが話題になる季節である。英文学界隈で相変わらず人気を保っているのは、シェイクスピアとならんでジェーン・オースティン。今年はおなじみの『高慢と偏見』とならんで、『説得』をとりあげた人がいて「おっ」と思った。

オースティンの中では『説得』（Persuasion）はかなりしぶ〜い作品だ。だいたいタイトルにある「説得」という語からして、満々と渋みをはらんでいる。本来、説得とか口説きと言えば、英文学的伝統の中でももっとも華やかな身振りのはずである。シェイクスピアの『ソネット集』にしても、ジョン・ダンの変態的な詩の数々にしても、アンドリュー・マーヴェルのこの上なく甘美な「はにかむ恋人へ」にしても、いかに上手に、派手に、ひねりを利かせて口説くかが書き手の腕の見せ所となってきた。口説きの瞬間こそが文学の華なのである。

英文学に興味のある人よりも、卒論を書いたことがある人のほうが世の中には多い。この書きだしによって読者を多く獲得している！

ところが『説得』の〝説得〟はちょっと違う。「ねえねえ、進もうよ」という前向きの〝口説き〟よりも、その正反対の「やめときな」という負の説得こそが中心となる。この小説の最大の関心事は、起きることより、起きないことなのだ。とりわけ8年前に、起きなかったこと。主人公のアン・エリオットはすでに30近いが、まだ未婚である。実は彼女は8年前、ウェントワース大佐という人と結ばれる直前までいったことがある。ところが、親しい人に「やめときなさいよ」との忠告を受け、「たしかに女の子は慎重であるべきだわ」と考えて、お付き合いをやめてしまったのである。

ええ？　ふつうそこでやめちゃいますかね!!　仮にもヒロインでしょ？　と思う人もいるだろう。たしかに近代小説に描かれた女性の多くは、「やめときなさいよ」と言われても「ぜったい、やめません！」と反発することでこそ、主人公となってきた。ジョージ・エリオット、エミリ・ブロンテ、シャーロット・ブロンテといった19世紀英文学を

小説を読んだことのない読者にも「なるほど」と納得させるタイトル説明！

代表する作家たちは好んでそういう女性主人公を描いてきたし、ほかならぬオースティンだって、たとえば『高慢と偏見』ではそういう女性を主人公にすえたではないか。

しかし、『説得』のアンは違うのである。「やめときなさいよ」と言われればやめるし、小説の最後に至るまで、自分がやめたのは正しかったと信じ続けている。そんな人に主人公となる資格があるのだろうか？　ところが不思議なことに、この後ろ向きで、地味で、他の登場人物からは便利屋さんのようにみなされ、27歳にして「最近老けたね」みたいなことばかり言われているアンの身の上話が、読者としてはとても気になるのである。こちらとしては、「そ、それでいったいどうするんです？」と思わず身を乗り出してしまう。しかもアンの日常生活ときたら、実に平穏で単調このうえないのに。

（阿部公彦「『説得』ジェーン・オースティン作、中野康司訳（ちくま文庫）」、2013年1月

意外性のあるヒロイン像に、興味を掻き立てられるあらすじ説明！

27日更新、URL：https://booklog.kinokuniya.co.jp/booklog/abe/archives/2013/01/post_125.html　２０２３年３月５日閲覧）

なんとも上品なのに読みたくなる、書評として絶品だ!!　と私は阿部先生の書評を読むたびに興奮してしまうのですよ。

どこが絶品かというと、まずは導入。

「卒論や修論のテーマが話題になる季節である。英文学界隈で相変わらず人気を保っているのは、シェイクスピアとならんでジェーン・オースティン」という始め方は、ぶっちゃけオースティンにそこまで興味がなくとも「へえー、そうなんだ」とふんふん頷きながら読んでしまう。

この書評が掲載されているのは、「書評空間::紀伊國屋書店 KINOKUNIYA::BOOKLOG」という紀伊國屋書店によるWEBブログ。ということは、ある程度本の好きな人が閲覧しているだろうから、「オースティンの中では『説得』(Persuasion) はかなりしぶ〜い作品だ」から文章を始めても、そんなに問題ないはずです。本好きのなかでも、紀伊國屋書店のブログを読むくらいの人なら、ジェーン・オースティンの名前を一度くらいは聞いたことがあるだろうから。

でも、阿部先生はそこから始めません。まずは一度「卒論や修論」の話から入ります。東大の先生ならではの導入……と考えることもできますが、いきなり「オースティンの作品の中では、『説得』はかなり渋い作品で」と始めるよりも、やっぱり「最近の英文学を学ぶ学生のなかでも、オースティンって人気なんですよ〜」と始めてもらったほうが、読者も入りやすい。**導入のさらっと軽やかな語り口が、阿部先生の推しの素晴らしさを伝える力の強さなんです。**

そして、『説得』という小説のあらすじを紹介する前に配置される「ところが『説得』の〝説得〟はちょっと違う。『ねえねえ、進もうよ』という前向きの〝口説き〟よりも、その正反対の『やめときな』という負の説得こそが中心となる。この小説の最大の関心事は、起きることより、起きないことなのだ」という文章。いきなり『説得』のあらすじを説明するのではなく、『説得』のタイトルの意味、そしてそこから導かれるこの小説のざっくりしたテーマを書いてくれています。

このあたりも、うまいな〜としみじみ感動します。なぜって、知らない小説のあらすじって、興味ない人が多いんですよね。しかしその前に「普通の小説の『口説き』の説得とは違うタイプの説得が出てくる小説」という紹介を挟まれると、ほほう、なるほど、となんとなくこの小説をわかった気になってくる。

この「わかった気になってくる」紹介って、重要なんです。

まったく読んだことのない小説、それも「名作」と呼ばれる難しそうな小説って、ちょっとハードルが高いじゃないですか。「え？ オースティン？ しかも渋い小説？ うーん、難しそう、私にわかるかな」と不安になってしまうのが普通でしょう。

しかし、そこを「大丈夫、そんなに難しくないよ」と安心させてあげるのが、書評の役目でもあります。「あなたの身のまわりで起きていることと、そんなに遠いトピックではないよ」と語りかけてあげる。そして読者に「ああ、そういうテーマなら、なんとなくわかるかも」と思わせる。このプロセスが、ちゃんと踏まれているのです。

自分の推しと遠いジャンルの文章も読んでみて

書評、つまりは「推し＝本」の魅力を伝える文章は、「ハードル高そうと思ってしまうジャンルを、どうやって紹介するのか？」というヒントに満ちています。もちろん私は書評家だから、書評が好きなだけかもしれませんが、それでもきっと、これを読んでいるあなたにも役立つヒントがたくさんあります。

今回紹介した阿部先生の書評の続きもネットで読めますから、ぜひ調べてみてください。ほかの書評や批評を読んでみるのも、きっとあなたの文章や語りに役立つでしょう。

あなたにとって英文学がもし遠い存在だとしたら、阿部先生の書評から、「あなたの推しを遠いジャンルだと感じる人に、どうすれば推しの魅力を伝えられるか？」という学びを得られるはずです。

「お手本」の真似は、上達への近道

模倣することで自分の個性が見えてくる

今回は、推しの素晴らしさを伝える例文として3パターンの文章を紹介しました。これはあくまで例文。ぜひあなたは、あなたの推しがいるジャンルについて楽しく紹介している文章を探してみてください。「あ、この文章いいな」「こういう語り口っていいな」と思えるお手本を探すことをおすすめします。

文章は、「真似する」ことが一番手っ取り早い上達方法です。なんとなくいいなあ、こういう文章って好きだなあ、というものを見つけて、その人の書き方を真似してみましょう。**あなたの書きたい内容を、その人の文体や構成で書くなら、どう書くだろうと想像してみてください。**

私は、「あ〜、この本についてなんか書きたいけど、なんか書けないな〜どうしよう」と悩んだとき、私が好きな作家の●●さんが書くならどうするだろう？　と妄想してみることがよくあります。

どんな書きだし？　どういう切り口？　どこの場面を引用する？　それらを妄想するだけで、意外とさらっと書き始めることができます。もちろん、内容を考えているのは自分なので、模倣にもなりません。

さらに、私が書けないときに行う、もうひとつの方法は「自分がお手本にしたい文章を読み返す」こと……というのは、第5章でお伝えしましたね。これも結局、自分がお手本にしたい人の文章を読み返して、なんとなく自分の目指す文章の方向性をなぞっているんです。

自分のお手本を持っておくと、自分の向かいたい方角がはっきりわかってきます。文章を書いていて、どこへ向かっているのかよくわからなくなるとき、目指すべき方向をお手本が灯台のように指し示してくれることもあるのです。

文章だけでなく、音声で推しについて発信したい人にとっても、お手本を探すことはすごく重要です。

このしゃべり方っていいな、こういうときはこんな反応をすればいいのか、とお手本を集めていくことは、話し方がうまくなるための重要なステップ。どんな発信も、お手本を探すことは絶対的な近道です。

そして、誰かの真似をしていくなかで、どうしてもはみだしてしまうものが、自分の個性になるんです。**最初から個性をだそうと考えるよりも、自分の好きな発信を模倣していくなかで、なぜかお手本と違ってしまうところを自分の個性として育てましょう。**

だからこそ発信するときは、自分なりの「例文」、つまりは、お手本を見つけてみてください。

お手本のよさを分析して、どこに自分は引かれているのか？　を考え、言葉にしていくと自分なりの発信スタイルが見つかっていくはずですよ！

個性は、誰かの真似の枠から染みだしてゆくもの。そう考えて、まずはたくさんお手本を読んだり聞いたりしてみましょう。

おまけ

推しの素晴らしさを語るためのQ&A

困ったときに読んでほしいQ&A

推しについての発信をしたいけど、なんだかうまくいかない。発信する勇気がでてこない。そんなときには、ここで紹介している質問集をヒントにして、自分なりの推し語りの参考にしてみてください。

Q.1　自分が推しを紹介しても、ほかの人に響いている気がしません

自分の推しの話に興味を持ってもらえていない気がします。いいと思うものをうまく紹介できないことが歯がゆくて、結果、あまり他人に推しの話をしないというループになってしまいます。他人に響く話術って、どうすればいいんでしょう？

A.　**相手に渡す情報の取捨選択が重要です**

他人に響く話って、その人にとって、究極「ものすごく共感できる話」か「(興味のあ

る範囲のなかで）新しい情報」のどちらかです。第2章で「面白さとは、『共感』か『驚き』である」（87ページ）という話を説明したので、詳しくはぜひそちらも読んでみてください。

つまり、相手にとってあなたの推しの話が、①相手が共感できる内容なのか、②相手の興味のある範囲で新しい情報になるか、どちらかになったらいいんですよね。

たとえば、一対一で話すタイミングなら、「最近ダイエットがんばってるけど、私の推しが最近ダイエット情報発信してるからSNS見てよ〜」「ねえ、ミュージカル好きだよね？　推しが今度舞台にでることになったんだけど、舞台って予習していくことある？」など、相手の興味の範囲内で推しの話をしてみると、②の方向で興味を持ってもらえるかもしれません。

あるいは、ほかにも人がいる場であれば、「●●の文脈で見ると、K-POPアイドルのなかでこのグループはこういう点で新しいんだ」など新しい解釈という情報を提示してみると、「へえー、K-POPには興味ないけど、そういう文脈があるのは面白いかも」と思ってもらえるかもしれない。「こういう辛い体験をしたときに、この俳優のドラマを観て救われた」という話だったら、たくさんの人が「あるある〜」と共感できるかもしれない。

相手に渡せる「推し」に関する情報のなかで、相手の興味の範囲内で提供できる新しい情報ってなんだろう？　と考えて話してみると、突破口が見つかりやすくなります。

「話術を磨く」というと、なにをすればいいのかわかりにくいですよね。でも、自分が相手に渡せる情報と考えてみると、なにを渡さずになにを渡すのか、どの情報から提示していくのか、考えようがありますよね。応援してます！

Q.2　SNSでほかの人のポストをRPするだけになってしまいます

同じ趣味の友達としゃべるなら、スムーズに感想が言えますが、いざ「SNSでレポしよう」「知らない人に伝えよう」と思うと、どの言葉を使っても、その瞬間のよさとか輝きとかをうまく表現できる気がしないんです！　そして結局、文章のうまい人が書いたレポをRPして「そうこれ！」「それな！」というだけのbot化してしまいます……。

A.　「推しを見た自分の感情」について深掘りしましょう

自分の好きなジャンルが、レポ文化、つまり「SNSでコンサートや新曲やMVなどの感想を書く文化」が盛んだと楽しい。楽しいですが、自分だけの感想を書くモチベーションがなくなるときもありますよね。他人のほうが言語化がうまいし、自分の感想をわざわざ書かなくても楽しい、と思ってしまう瞬間があるのはよくわかります。が！　それでもあなたのオリジナルの感想を絶対に残しておいたほうがいいのです。

その理由は第1章や第2章でつらつら書きましたので、詳しくはそちらを読んでほしいのですが、ひとことで言うならば「自分だけの感想を書くことで、自分自身への理解も深まり、さらに推しへの理解も深まる」からです。

質問者さんは「どの言葉を使ってもうまく表現できない」と言っていますが、推しそのものを伝えようとするよりも、推しを見た自分の感情について表現してみるのはいかがでしょうか？

たとえば、「MCのときのこの発言、めっちゃ尊かったな……」と印象に残ったら、その理由を考えてみる。「なんで私はこの発言に尊さを感じるんだろう？　ほかにもいろいろ言ってたのに」「ああ、●●のときのインタビューの発言が印象に残っていて、そこからの成長を感じたからだ」など、自分の感情とその理由を言葉にしてみるんです。すると、自分なりの感想がより深く書けるようになります！

しかも、自分の感情を説明する感想って、丁寧に言語化されていることが多く、推しのことを知らない人にも推しの魅力が届きやすいんです。


推しの発言や言動をそのままレポするのも楽しいもんですが、誰かが既に書いていることで十分じゃん、と思ってしまうかもしれません。それよりも、自分が推しに対して感じたことを丁寧に言語化してみると、あとから読み返したとき面白いものができあがるので、おすすめです。

推しに魅了されきっているあなたの感情を書くことで、翻って、門外漢の人にも推しのきらめきが伝わることもあるんですよ!!

Q.3　オタク口調を脱したいです！

推しのことを語ろうとすると、つい句点がつかない早口オタク口調になりがちです。ニッチな専門用語を使ったり、擬音語や擬態語を多用したりしてしまいます。どうしたらいいでしょうか？

A. スピードを優先し続けたいかどうか

私もです……！　なので非常に気持ちはわかるのですが、あえて解決策を言うなら、「相手の反応を見るクセをつける」です。

擬音語や擬態語を多用しても、早口でも、ぶっちゃけ相手が話を理解して面白がってくれていれば、とくに問題はないんですよね。しかし、そこで相手がよくわからないな〜という顔をしていた場合が問題なんですよ。

「あっ、今つまらない顔してそう、しゃべり方変えよう」と瞬時に思えるかどうかが、相手を置いてきぼりにするかどうかの境目です。

なぜ私たちが早口オタク口調になってしまうかというと、結局「とにかく速く推しのことを伝えたい！」と伝達速度重視になってしまうからですよね。第3章（131ページ）でそのあたりは詳しく解説しましたので、よろしければそちらもご参照ください。

推しの魅力をとにかく速く伝えたいというスピード重視から、「ちゃんと推しの魅力が伝わる」確実性重視になれば、自然と語り口調も変わってくるのではないでしょうか。なにを優先順位高めにしたいか、という目的次第ですね。

Q.4 他人の発信にイラっとしてしまいます

長年推しているアイドルがいるのですが、SNSで知り合った「自分よりもファン歴の短い人」にわかったようなことを言われると、イラっとするときがあります。他人の発信については、どう考えたらいいでしょうか？

A. 離れましょう

インターネットのいいところは、自分と同じような立場（つまりは一介のファン）の発信をたくさん見られるところ……ですが、それゆえに他人の発信が気になってしまうときもありますよね。

ただ、違和感を覚える他人の発信を見るかどうか取捨選択できるところもインターネットのいいところのひとつです。

というわけで、イラっとするときは、見ないようにしましょう！　ＳＮＳにいる人だったらミュートにする、自分が疲れているっぽいときはインターネットから一度離れる。

この世に「絶対に見なきゃいけない情報」なんてインターネットにはありません。そう考えて、違和感がある発信からは離れましょう。

Q.5 「とにかく好き」しかでてきません！

どこが好きか聞かれても「好きに理由とかある？　ないよね」と思ってしまいます。とにかくいい、とにかく好き、それしか言葉がでてきません。

A. 好きなところじゃなくて、好きなエピソードについて語るのはどうですか？

好きに理由はない……って世間ではよく聞く言葉ですが、はたして、本当にそうなのかな？　と私は割と懐疑的です。

だって推しができるには、なにかしら「好きになったきっかけ」があって、「あー好きだなーと思う瞬間」の積み重ねがあって、さらに「好きじゃないかも？　と思ったけど、やっぱり好き‼　と感じる出来事」があって……、というような好きの積み重ねがあるはずなんです。あなたと推している人の間に、いろんな瞬間が訪れているからこそ、あなたはその人を好きになっているんです。

というわけで、必ずしも「どこが好き」と理由を語るのではなく、好きだと思った具体的なエピソードやきっかけについて語ってみるのはどうでしょうか。

ちなみに私は友人の「推しのことなんて、もう好きじゃないかも～と思ってたけど、やっぱり好きだと確信した」タイミングの話を聞くのがけっこう好きです。そういうトピックを話してみることも、推しのどこが好きなのか理解が深まっていくので楽しいですよ。

Q.6　他人と感想が全然違うとき、まったく同じとき、どちらも不安になります

大勢の人と違う感想をもったとき、それを発表するための勇気や自信は、どうやって身につけたらいいでしょうか？

また逆に、他人と同じ感想だった場合、自分が書いて発表する意味があるのかな〜と、こちらも不安になります。このあたり、どう考えたらいいでしょう？

A. 発信を磨きましょう！

みんなと違う意見、みんなと同じ意見、どちらにせよ自分の発信する理由がわからなくなる……ってことですよね。

まず「みんなと違う意見や感想を発表する勇気」は、その発信をブラッシュアップすることでしか身につかない、というのが持論です。ややマッチョな考え方ですみません。詳しくは第5章（220ページ）に書いたので、気になる人はぜひ読んでみてください。

修正して、発信を磨くことで、「誰に読まれても恥ずかしくない文章」にしていくことでしか、発信する勇気は身につかない気がするんですよね。相手の意見を変えられるくらい説得力のある発信を目指す。具体性を強め、修正を重ね、発信を磨く。それが勇気や自信になるのではないでしょうか。

そして、「みんなとまったく同じ意見や感想を発表する勇気」もまた、表現を磨くことで解決できます。なぜなら、感想や解釈を深掘りしていけばしていくほど、あなたのオリジナルの発信につながるから！　あなただけが持っている経験や、あなたが今まではまってきたジャンル、あなたが魅了されたポイント。それらを駆使した感想を書けば、たとえ結論が他人と同じだったとしても、そこに至る発信はまったく異なってくるはず。

この本でお伝えした「発信相手を決めること」「気になった点を細分化すること」「修正を重ねること」などなど、いろんな技術を使って、ぜひあなただけの感想を発信してみてくださいね。

私はあなたの感想が、読みたいのです！

あとがき

というわけで、推しを語りたくなっていただけましたか？

私もオタクのひとりなので、推しにまつわるアレコレには、辛いことも、悲しいことも、緊張することも、悔しいことも付きものだということは身に染みてわかっているのですが……それでも好きだ！　大好きだ！　尊すぎる！　と思えることは、すごく素敵なことです。

推しについての言説は、この世にあふれていますが、SNSではできるだけ自分と他人の境界線をつくりだしながら、楽しく推していきたいものですよね。私もいちオタクとして、そんなオタクライフをあなたが送れることを願ってやみません。

本書がその一助になれたら最高です！

推しについて自分の言葉をつくることは、健全な推しライフにつながる。

冗談抜きで、私はそう思っているので、あなたにもその効果を感じていただけたらとても嬉しいです。

さて、ここはあとがきなので、個人的なことを語ります。

私がこの本を書いた本当の理由……というと大げさですが、なんだか自分が今この本を書きたくなった理由を書きましょう。

それは、SNSで出回っている言葉があまりにも無防備で、ナイフがびゅんびゅん飛び回っている状態に、ここ10年くらいずっとドキドキしていたからなのです。10年、長いですね。でもずっとドキドキしてるんですよ、私。

炎上や誹謗中傷のような、わかりやすい批判の言葉も、もちろんそのナイフのひとつなのですが。普通に正しいことを言っている顔をした言葉のなかにもまた、ものすごく危険なナイフを振り回しているように見える言葉が、たくさんあります。

たとえ言っていることが正しくても、言い方がものすごく強くて、激しい言葉は、やっぱり扱いが難しいものです。劇薬すぎる。誰かの心に届きやすすぎる。そして、届きやすい強い言葉を読んでいるうちに、読み手は、いつのまにかその強い言葉に影響を受けてしまうんです。

単に「誰かを傷付ける言葉は使っちゃダメ！　よくないよ！」と言いたいわけではなくて（もちろん誹謗中傷はダメですけどね）。

誰かの言葉によって、自分の思考が影響を受けすぎてしまうこと。それがなによりも言葉の怖いところなんです。しかし、そのことが今は知られていなさすぎる。そして無防備なくらいみんな影響を受けやすい。怖い。自分も含めて、ですけれど。

そう、SNSってかなり他人の影響を受けやすい場所なんですよ！　だからこそ、自衛することが必要なんです。

他人の言葉と自分の言葉を、ちゃんと切りわける必要がある。

切りわけることで、他人の言葉が自分にとってのナイフにならないようにすることができる。

つまり、他人の言葉をナイフにしないために、自分の言葉をつくる必要があるのです。

「他人の言葉と距離をとろう、自分の言葉をつくろう」、これを言いたくて私はこの本を書きました。

もちろん自分がナイフを使っている自覚も必要ですが、それと同時に、他人のナイフから自分を守ることのほうがよっぽど重要だと思うんですよね。

やっていきましょう。自分と他人の言葉をわけるんです。

そして自分の身を守りましょう。言葉はけっこう、危険なものです。

……偉そうなことを書きましたが、ずっと私はこの本を書きながら「自分に言い聞かせているみたいだな」と感じていました。私も、他人と自分の言葉をわけることは、まだまだ難しい。でも、やっていこうと思います。

私たちは言葉を使わずに生きていけない。推しについて語ることも、結局、言葉を使うのが、一番手軽で一番速い。

言葉の使い方を学びつつ、自分の言葉をつくる技術を一緒に研鑽していきましょう。

私はそんなふうに考えて、本書を執筆しました。

その想いがあなたに少しでも届いているといいな、と考えています。

さて、この本ができたのは、株式会社ディスカヴァー・トゥエンティワンさんのおかげです。担当の小石さん、野村さん、そして推しに関するアンケートにご協力いただいたディスカヴァー・トゥエンティワンの皆様、本当にありがとうございました。自分の推しについて語る会をいつかしましょう……。


本書が、あなたの推しを輝かせる一助になりますように！

そしてなにより、あなたが健全な推しライフ、そして、健全な発信ライフを送れることを心から願っています。

楽しく発信しましょう。そして自分の言葉をつくりましょう。

たぶんまずはそこから、始まるんです。

三宅香帆

ディスカヴァー携書
251

「好き」を言語化する技術
推しの素晴らしさを語りたいのに「やばい！」しかでてこない

発行日　2024年 7月31日　第 1刷
　　　　2025年 1月21日　第14刷

Author　三宅香帆
Book Designer　上坊菜々子
Publication　株式会社ディスカヴァー・トゥエンティワン
〒102-0093　東京都千代田区平河町2-16-1 平河町森タワー11F
TEL　03-3237-8321（代表）　03-3237-8345（営業）
FAX　03-3237-8323
https://d21.co.jp/

Publisher　谷口奈緒美
Editor　小石亜季

Store Sales Company
佐藤昌幸　蛯原昇　古矢薫　磯部隆　北野風生　松ノ下直輝　山田諭志　鈴木雄大
小山怜那　藤井多穂子　町田加奈子

Online Store Company
飯田智樹　庄司知世　杉田彰子　森谷真一　青木翔平　阿知波淳平　大﨑双葉
近江花渚　徳間凜太郎　廣内悠理　三輪真也　八木眸　古川菜津子　高原未来子
千葉潤子　金野美穂　松浦麻恵

Publishing Company
大山聡子　大竹朝子　藤田浩芳　三谷祐一　千葉正幸　中島俊平　伊東佑真
榎本明日香　大田原恵美　小石亜季　舘瑞恵　西川なつか　野﨑竜海　野中保奈美
野村美空　橋本莉奈　林秀樹　原典宏　牧野類　村尾純司　元木優子　安永姫菜
浅野目七重　厚見アレックス太郎　神日登美　小林亜由美　陳玟萱　波塚みなみ
林佳菜

Digital Solution Company
小野航平　馮東平　宇賀神実　津野主揮　林秀規

Headquarters
川島理　小関勝則　大星多聞　田中亜紀　山中麻吏　井上竜之介
奥田千晶　小田木もも　佐藤淳基　福永友紀　俵敬子　三上和雄　池田望　石橋佐知子
伊藤香　伊藤由美　鈴木洋子　福田章平　藤井かおり　丸山香織

Proofreader　文字工房燦光　　DTP　有限会社一企画
Printing　日経印刷株式会社

・定価はカバーに表示してあります。本書の無断転載・複写は、著作権法上での例外を除き禁じられています。インターネット、モバイル等の電子メディアにおける無断転載ならびに第三者によるスキャンやデジタル化もこれに準じます。
・乱丁・落丁本はお取り替えいたしますので、小社「不良品交換係」まで着払いにてお送りください。
・本書へのご意見ご感想は下記からご送信いただけます。
https://d21.co.jp/inquiry/

ISBN978-4-7993-3083-8
(「SUKI」WOGENGOKASURUGIJYUTSU　OSHINOSUBARASHISAWOKATARITAINONI「YABAI！」SHIKADETEKONAI by Kaho Miyake)
©Kaho Miyake, 2024, Printed in Japan.

携書ロゴ：長坂勇司
携書フォーマット：石間　淳